U0739989

智元微库
OPEN MIND

成长也是一种美好

温暖

洞察

温柔而坚定，
让孩子自由且自律

杨珏梅——著

人民邮电出版社

北京

图书在版编目（ＣＩＰ）数据

温暖洞察：温柔而坚定，让孩子自由且自律 ／ 杨珏梅著. -- 北京：人民邮电出版社，2024.5
ISBN 978-7-115-63952-3

Ⅰ．①温… Ⅱ．①杨… Ⅲ．①儿童教育—家庭教育 Ⅳ．①G782

中国国家版本馆CIP数据核字(2024)第054834号

◆ 著 杨珏梅
责任编辑 陈素然
责任印制 周昇亮

◆ 人民邮电出版社出版发行　　北京市丰台区成寿寺路11号
邮编 100164　电子邮件 315@ptpress.com.cn
网址 https://www.ptpress.com.cn
北京天宇星印刷厂印刷

◆ 开本：880×1230　1/32
印张：8.25　　　　　　　　2024 年 5 月第 1 版
字数：140 千字　　　　　　2024 年 5 月北京第 1 次印刷

定　价：59.80 元
读者服务热线：（010）67630125　印装质量热线：（010）81055316
反盗版热线：（010）81055315
广告经营许可证：京东市监广登字 20170147号

给我的先生王煜，

我的灵魂和生活中的伴侣

养育体验中的无力感
怎么说孩子都不听，只有惩罚才管用

相信每个初为父母的人，都不会有"生个孩子就是为了惩罚他"，或者"就是为了有个人能任自己吼骂"的想法。但我也相信，很多父母都有过"不惩罚孩子不行了，没有别的办法能管得住了"这样的经历。

有一次在超市，我目睹了这样一幕。

一位妈妈带着她5岁左右的孩子在超市购物。孩子总是到处乱跑，还乱翻货架上的东西。

这位妈妈一连串的反应是我们再熟悉不过的。

她先是边骂边呵斥："你怎么跟个野猴子一样？不要再跑了！"

孩子并没有停下来。

妈妈就开始用语言威胁："再这么跑，等你爸爸回来会揍你的！"

孩子像没听见一样。

妈妈只好拿出真正的惩罚措施："你今天晚上不许看电视了！"

小朋友愣了愣，稍微收敛了一点儿。但过了不一会儿又开始在货架间跑来跑去。

这位妈妈真的发火了："你再跑一次就是找打！"

可是，依小孩子的本性怎么可能会说不跑就不跑呢。当他跑过来差点儿滑倒，并碰掉货架上的一些货物时，妈妈终于崩溃了，粗暴地拉住孩子的胳膊，狠狠地在他屁股上打了几下。

最后，孩子大哭，引众人侧目，妈妈只好拎着他，仓皇离开超市。

你有过类似的经历吗？好好给孩子讲道理他不听、好好给他提要求他做不到，试了所有的办法，最后好像只有惩罚，甚至打骂孩子才有点效果，虽然效果也说不上有多好。结果，不只是孩子情绪崩溃，我们自己的情绪也很坏，打骂完孩子有时又后悔。难道事情只能如此，亲子关系只能这么狼狈，没有别的办法吗？

本书要探讨的就是这个问题。我们对"温柔而坚定"这句话也许并不陌生，但如何才能做到呢？在孩子不听管教的时候，除了惩罚他还有什么办法呢？

回到上述例子，其实在每一个环节上，都有其他可能性，比如试试下面这些技巧。

用不带攻击性的反对，替代用"野猴子"这样的词语呵斥孩子：

"宝贝，我不喜欢你这样跑。小朋友在过道里跑，会打扰超市里的其他人。"

建议孩子做些事情帮助你，而不要用言语威胁孩子：

"你帮妈妈挑 3 个橘子吧。妈妈太需要你的帮助了，你挑的橘子最好了。"

用给出选择来替代惩罚孩子：

"乖乖，不能跑。你有两个选择。你可以走，或者可以坐在购物车里面。"

最后，用有效行动替代打骂孩子：

"看来你选择坐在车里了。"然后把孩子抱进车里，系好安全带。

如果所有这些技巧都用完，孩子还是哭闹，你不得不带他离开超市，该怎么办呢？第二天，你也不用说教，只需要让孩子体验错误行为的自然后果。

孩子：妈妈，你去哪里？

妈妈：去买东西。

孩子：我也想去。

妈妈：今天不行。

孩子：为什么？

妈妈：你告诉我吧。

孩子：因为我会乱跑。

妈妈：你猜对了。

孩子：我要去，妈妈，再给我一次机会。

妈妈：你会有很多很多机会的，宝贝，但今天妈妈得自己去。

从这个例子中，我们就可以看出本书运用的理论——辩证行为疗法（Dialectical Behavior Therapy，DBT）在日常育儿中的应用，我们在这里把它称为辩证行为养育法。

我常常听到向我咨询的为人父母者抱怨："不弄得这么鸡飞狗跳又能怎么办呢，难道由着他乱跑吗？"这么想就是把亲子关系和管教对立了起来，认为要管教孩子就要牺牲亲子关系，要维护良好的亲子关系就没办法对孩子进行管教。而辩证行为养育法可以教我们跳出这样的对立思维，既不"鸡飞狗跳"，也不"由着他乱跑"，这样辩证统一的"第三种可能"可以让问题迎刃而解。

DBT是一套庞大成熟的心理干预体系，从这个体系出发，去观察育儿中的挑战，不仅能给我们提供很多具体有效的育儿技巧，也能带给我们很多温暖洞察。DBT让我们看到，很多时候，我们认为是孩子的问题，其实解法都在我们自己身上。

"温柔"和"坚定"看似两股相反的力量，但其实并不矛盾。当它们以正确的姿态有效融合的时候，不仅教育是有效的，而且亲子关系也是和谐的，这两股力量不仅高度统一，而且互相成就。有效育儿，就需要我们承认，两件看似相反的事情其实都是事实的一部分，并且还要把两种相反的力量，以最合理的方式同时运用出来。把对立的、互相消解的东西，变成统一的、互相成就的东西，这种辩证的智慧是一种教育理念，同时又何尝不是做人的生活智慧呢？

为人父母者一定都记得我们的宝宝刚出生时，把她抱在怀里，她软糯可爱的样子，和我们心中升起的温柔。我们这时候想的是如何呵护她，托举她，绝不是成为她的伤害和绊脚石。育儿是一个挑战，也是一个契机，敦促我们为人父母者以成熟有智慧的方式时刻回归初心，以最温柔的目光凝望孩子，在我们最容易失控的时候也能看见孩子内心的天使。被父母凝望过的孩子，即可凝望万物。要养育出身心健康、人格健全，自由又自律的孩子，需要我们做父母的，从孩子小的时候就对他们抱持"温暖洞察"。其中，"洞察"就是透彻地观察和了解，它需要的是理智、思辨和冷静；而"温暖"是和煦柔善，是充满爱意的情绪表达。我们要寻找的"第三种可能"，就是在充满爱的亲子关系中，用理智和冷静实行有效的教育。温暖洞察是良好关系和有效教育的核心与关键。让我们跟随辩证行为养育法，了解其中蕴含的育儿智慧和技巧，把寻找"第三种可能"变成一种习惯，在育儿过程中乃至整个生活中都变得所向披靡、无往不利。

第一章 智慧心

智慧不是学校教育的产物，而是终其一生的尝试才能获得的。

——阿尔伯特·爱因斯坦

第二章 情绪调节

缓慢的呼吸就像情绪风暴中的锚：锚不会让风暴消失，但它会让你保持稳定，直到风暴过去。

——拉斯·哈里斯

第三章 应对危机

你目前的情况并不能决定你去哪里；它们只能决定你从哪里开始。

——尼多·奎因

第四章　# 亲子关系

每个相信自己的孩子背后，都有一个早就相信他们的父母。

——马修·雅各布森

第五章 助力孩子的人际交往

敢于设定界限就是即便冒着让别人失望的风险，也要有勇气爱自己。

——布琳·布朗

第六章 培养自由且自律的孩子

自律等于自由。

——约克·戚林克

育儿是一件高情绪体验的事情
——如何做到温柔而坚定

今天在学校里读书的孩子，将来可能有 2/3 的人会从事现在还不存在的工种和工作。未来 20 年也会有大量的现有职业消失。科技日新月异，人工智能迅猛发展，我们的世界变化得如此之快，难怪家长们会焦虑：孩子们将来能否适应和融入这个社会，他们是否足够聪明、努力、幸运？作为家长，我们该如何鼓励孩子活出最好的自己，拥有最丰沛的生命体验？我们又该如何与焦虑共处、与自己和解？

21 世纪已经过去了近 1/4，育儿理念也在日新月异地发展，"棍棒底下出孝子"早已是过时的教育方法。我们越来越清楚原生家庭对孩子的影响、自我情绪管理和正面管教的意义，也逐渐了解到"育儿即育己""身教比言传更有用"等先进的理念。目前正在抚育未成年子女的父母们，急需一套理论完整、方法具体、能兼容并包各种方法的育儿体系。

辩证行为疗法，是一套庞大且成熟的心理干预系统。应用于家庭养育中时，我们称之为辩证行为养育法，这种方法的显著优势是，它能吸收各大教育理念的长处，能适应各种育儿场景。

对我们中国人来说，辩证行为疗法还有一个独特之处，它的哲学理论基础结合了东方哲学的辩证思想，能将这些博大精深的东方智慧转化成具有显著疗效的心理干预技巧。

因为在西方心理治疗框架下可以轻松运作，并且能用大量实证数据证明其有效性，DBT早在20世纪90年代就在西方成了主流的心理治疗方法，被心理从业者广泛接受。因为DBT有国人熟悉的哲学基础，而且注重可落地的、具体的行为（即DBT里的"B"，Behavior）技巧，所以它有非常适合中国人的特点。遗憾的是，因为长久以来一直缺乏中文学习资料，所以DBT近几年才被我国心理从业者广泛了解。而且，不论是在我国，还是在西方国家，几乎没有人探索过DBT在家庭育儿领域的应用，即对于做家长的人，它有什么具体的指导意义。

在动笔写这本书之前，我酝酿了10年之久。我在攻读博士学位期间经过了系统的DBT训练，对辩证行为疗法有"一见如故""灵魂契合"之感，既感叹于它深不可测的辩证智慧，又折服于它变幻莫测的实践技巧。所以，毕业后我就参与了在辩证行为疗法领域最权威的学习资料之一《DBT情绪调节手册》[①]的系统翻译工作。之后，我又在多年的"儿童、青少年、家庭心理咨询"工作中，反复实践、应用、体会辩证行为疗法对未成年人心理成长的价值。同时，我也是两个孩子的母亲，截至本书出版之时，我的儿子嘟嘟10岁，小女儿娜娜4岁。在养育子女的过程中，辩证行为疗法也反复给予了我很多方法和智慧。与辩证行为疗法"亲密接触"的这些年，它慢慢地融入了我的生命，变成了我的生活哲学。凭借一手的临床和生活经验，这本书，针对如何将辩证行为疗法的理论和方法应用于家庭育儿，进行了全方位、各角度的阐述，可谓"十年磨一剑"。

市面上现有的育儿图书，有的强调家长应该怎么说、怎么做，从而达到规范子女行为的目的；有的强调对孩子的共情、理解、同理心等教育理念。这些当然都非常重要，而辩证行为疗法不仅融合了这两个方面的育儿需要，而且还能看到常常被忽略的家长的情绪和想法。看不到这一点，我们就不知道为什么学过的育儿方法用不出来；不知道为什么明明应该对孩子有同理心，但就是做不到。

育儿是一件高情绪体验的事情。尤其是在碰到育儿挑战时，管

---

① 玛莎·M.莱恩汉. DBT情绪调节手册 [M]. 祝卓宏，等译. 北京：北京联合出版公司，2022.

理好我们的情绪，既重要又困难。而辩证行为养育法恰恰就是针对情绪体验非常强烈、需要在调节情绪方面得到帮助的人群研发的心理干预手段，在发展更有效的情绪应对方式方面，可以说是有奇效的。

辩证行为养育法强调接受现有的生活和现在的行为，同时又要学会去改变生活和无益的行为。换句话说，"辩证"就是把相反的观点结合起来。在育儿中，我们常常碰到两难的境地。我们当然要爱孩子，但也要避免溺爱孩子。孩子需要规则和边界，但他们并不需要被吼骂。孩子出现行为问题，我们既不能听之任之，也不能不讲技巧地粗暴管教。对孩子的管教的确很重要，但良好的亲子关系更重要。DBT 当中的"D"（Dialectical，辩证）就很好地解决了这种矛盾。

辩证就是把两个看似相反的东西，同时拿在手里、记在心里、用在生活中；辩证就是跳出非此即彼的对立思维，让两个极端能够有秩序地进行融合，实现和谐共生、辩证统一。在育儿中具体的体现可以是，既态度温和，又能为孩子划定清晰的行为界限。对于划定好的界限，要坚守而不退让，但在过程中又要有耐心。这样的教育不仅有效，而且也会让亲子关系更融洽。温和与坚定，这两者不仅高度统一，而且互相成就。它不是简单的中间路线或折中，而是"第三种可能"。

如果孩子因为感到些许疲劳就要赖不写作业，在辩证天平的一端，即纵容与溺爱的状态下，父母可能会选择姑息孩子偷懒；而在天平的另一端，过于严厉和对规矩的执行过于僵硬的父母，可能在孩子生病时，也要逼着他完成繁重的作业。这两种极端做法都无法帮助孩子发展自己的能力——前者损耗自律，后者伤害自由。而具有辩证智慧的父母也许会想到"第三种可能"，比如，充分理解和肯定孩子身体上的不适、孩子对作业的畏难情绪，以及孩子所承受的心理压力。同时，积极鼓励孩子发展出规划作业、细分步骤、逐个解决困难的能力，甚至是与老师真诚沟通、寻求谅解、为自己争取更多时间等更复杂的人际沟通技巧。在"第三种可能"里，孩子不仅感受着无条件的关爱，而且感受着标准，他们的能力得到了长足发展，内驱力也得到了充分发挥。一个有爱、有能力，又有内在动力的孩子，就是自由且自律的。

这本书每一章的内在结构都包括理论核心、具体技巧、实践练习三个部分。

理论核心

小孩子可以做非此即彼的简单选择，成年人则需要综合考虑各方面因素，做出有智慧的决策。父母在育儿时要依靠智慧，扮演成年人的角色。把对立的、互相消解的东西，变成统一的、互相成就的东西，这种智慧就是辩证行为养育法的理论核心。辩证的思维方式会在各章节中被反复应用，以帮助读者建立思维习惯。

具体技巧

如果说辩证行为养育里的"辩证"二字是理论核心，那么"行为"二字就是实现这个理论的具体技巧。辩证行为疗法本身提供了几十个配有作业练习单的、可以在每天的生活中去实践的、具体的行为技巧。我以此为基础，提炼了约30个最经典、最适合应用于育儿的技巧。本书基本上采用的是"每一节阐述一个技巧"这样的结构，为读者进行讲解。

每节围绕一个育儿痛点展开，讨论一个具体的例子。有的是基于咨询案例或育儿培训班学员的经历改编的例子，有的是我本人教育子女的经历——这些案例普遍能引起家长的共鸣。比如：孩子磨蹭拖沓、做事不专心；孩子遭遇校园暴力；孩子不愿意和父母交流；孩子有自我伤害的想法；等等。以具体案例展开讨论，我们会摸到育儿的症结所在，思考更灵活有效的"第三种可能"。然后，我会讲解这个方法怎样融合了两极、做到了辩证，为什么它更灵活有效，它对应了辩证行为疗法中的什么技巧？通过这种方式，能让读者毫不费力地理解辩证行为养育法的理论框架和具体实践方式。

实践练习

读了、理解了一个技巧是一回事，去运用这个技巧可能又是另一回事。所以本书在每一节的末尾，都附有配合该技巧的练习和思考题，帮助读者在日常生活中进行实践和应用。此外，书中的案例与案例之间也存在内在联系，对技巧的阐述是进阶的，让读者在不断复习的同时，不断丰富自己掌握的技巧。前面讲解过的技巧，在后面的案例中会反复提及，而且会引导读者用两个或多个技巧解决同一个育儿困境。这是因为，辩证行为疗法告诉我们，虽然不是所有的技巧在任何时候都会管用，但总有些技巧在某些时候会有用。

在这个过程中，希望家长能不断地体会到：技巧需要练习，同时也是灵活的，很多时候答案不止一个。每个孩子都是独特的，不同的场合也会在不同程度上影响孩子的行为。我们虽然不可能预见到每时每刻的每一种可能性，但作为家长，我们是最了解孩子的人，很可能知道自己的孩子对什么事情会有什么样的反应。本书会带领读者挖掘自己已经知道的信息，用这些已知的信息和技巧扩展自己的选择面并发展新的技能，通过技巧练习，探索辩证行为疗法是怎样描述、构思、处理我们与子女的相处方式的。当工具箱里的工具扩充得很丰富时，家长就能切实体会到，面对挑战，解法不止一个，育儿是可以做到游刃有余的。

另外，从幼儿园小朋友到高中生，本书特意选取了各个年龄段的孩子作为案例。这么做是为了告诉读者，DBT 育儿不受孩子的年龄限制，适合于养育不同年龄段的孩子，甚至与已经成年的孩子相处也是很有用的。有理论指导、有温度、有方法的育儿当然是从孩子越小的时候开始越好。但最佳的时机永远是现在，从现在开始一切都不晚。这何尝不是一组辩证呢？

如果家长在不闻不问和焦虑吼骂之间找到了第三种可能，孩子就会获得平和的心境，以及淡定与宽容的态度。

如果家长在鲁莽行事和唯唯诺诺之间找到了第三种可能，孩子就会变得开朗并获得自信和创造力。

如果家长在纵容溺爱和烦琐的规矩之间找到了第三种可能，孩子就会获得掌控自己的力量，有能力选择健康的事物，成为自驱力丰满、自由且自律的人。

为了达到最好的学习效果，家长需要一定程度的自律，敦促自己在生活中练习书中的技巧。此外，我还会建议家长参加一些线上或线下的辩证行为疗法育儿课程、直播、工作坊、小组讨论等。在集体学习中，不仅能收获老师给予的及时反馈，而且能汲取别人的经验和智慧。

有效育儿需要家长保持成熟稳定，具有辩证的智慧。所以，本书的落脚点是"育儿即育己"，养育孩子的过程，说到底是让自己成长的过程。辩证行为疗法当然可以应用于育儿，但同时它首先应该应用于自己的人生。辩证概念不仅适用于各年龄段的育儿工作，更适用于生活的各个方面。辩证行为疗法能为自我情绪的管理提供框架，帮助我们认识和接纳自己的情绪和想法；它让我们能同时兼顾情绪和理智，做到用理智对情绪进行回应。这些都是一个人成熟的标志，也是有效育儿的前提。有时候，不是我们敦促孩子成长，而是孩子敦促我们成长。

我们要带着"育儿即育己"的谦卑，践行"言传不如身教"这一真理。比如，要让孩子不磨蹭、不拖沓，我们就要直面自己的拖延，直面导致我们拖延的恐惧和焦虑。在辩证行为疗法的指导下，我们可以看到"一味追求完美"和"一味逃避行为"这两个极端，找到辩证统一的第三种可能，用这样的自我管理为孩子树立合适的榜样。

再比如，要做到在面对孩子时保持情绪平和稳定，就要在日常对各种人际关系的处理中，磨炼自己的情绪管理和调节能力。而要在育儿中做到辩证，就要在生活的方方面面锻炼自己综合考虑事情、避免极端思维的思考习惯。

辩证行为养育法不仅是一套育儿技巧，更应该是我们的处世哲学。如果它能体现在我们的日常生活中，它就会出现在我们与孩子相处的点滴中，然后辩证的哲学就会自然地成为孩子的处世智慧。

当我们更接纳自己、更成熟稳健的时候，我们自然而然地也会更有能力去帮助孩子成长。套用电影《芭比》（Barbie）里的一句台词：我们做父母的，要保持静止而稳定，这样，当孩子回望我们时，才能知道自己走了多远。

我希望能通过本书与各位为人父母者共勉。愿我们回到自己，看见孩子，重建关系，见证与孩子共同成长的乐趣！

2023 年 10 月 1 日

写于美国密歇根州安娜堡市

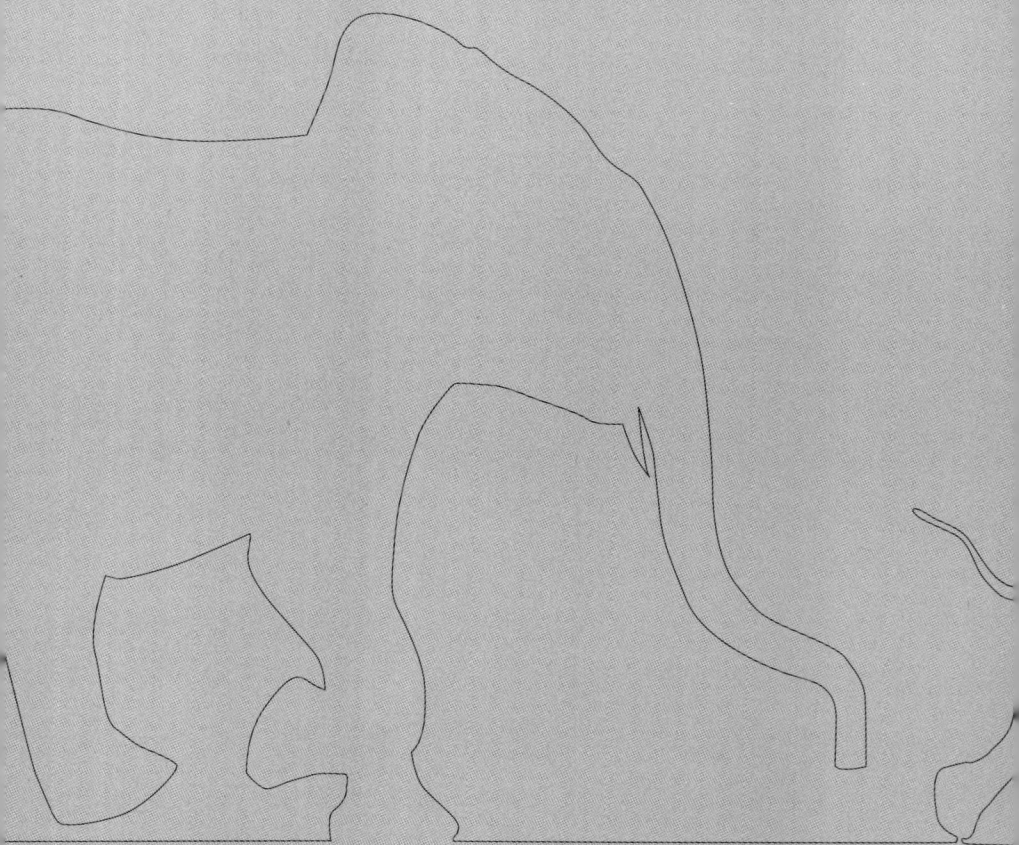

虽然我们每个人在育儿的过程中都或多或少做过让自己后悔的事情，但每个人也都有与生俱来的内在智慧。也就是说，这种智慧已经存在于我们的心里了，不需要付出额外的努力去创造它，而只需要找到它。找到它的那一刻你一定会知道，因为你会感到豁然开朗，仿佛混沌的困扰在你眼前砰然洞开，喜乐和力量突然变得清晰可见。在这一章中，我们就来探索这种神奇的内在智慧。

第一章

智慧心

智慧不是学校教育的产物，
而是终其一生的尝试才能获得的。

——阿尔伯特·爱因斯坦

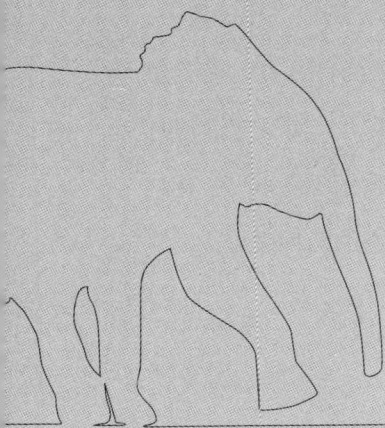

为什么有时候越安慰，孩子越崩溃

——平衡理性心与情绪心

没有人愿意看到一个可爱的孩子承受痛苦，所以当孩子哭了、疼了、伤心了，我们都会自然地前去安慰。但为什么有时能安慰好，有时却越安慰越糟糕呢？小声哭变大声哭，大声哭变满地打滚，甚至出现攻击性。这完全是因为孩子无理取闹不懂事吗？在这一节中，我们讨论一下在安慰孩子这件事上存在的两种极端，以及具备平衡性的第三种可能。

第三种可能

在我的家庭咨询工作中，有一对夫妻曾向我倾诉说，在他们的四口之家中，他们对自己 9 岁的大女儿完全没有办法。有一次他们带着女儿和 6 岁的儿子去餐厅就餐，本来期待着共度温馨愉快的家庭时光，结果在餐厅的那两小时简直可以说是一场灾难。

先是上菜速度很慢，漫长的等待让两个小朋友百无聊赖。虽然餐厅提供了一些蜡笔和涂色纸给他们打发时间，但实在等了太久了。姐姐和弟弟都把自己的纸画满了，饭菜还没来，无事可做的弟弟画着画着就画到了姐姐的纸上。饥肠辘辘的姐姐看到自己的作品被弟弟"毁掉"了，非常生气，对弟弟大吼大叫起来。爸爸妈妈赶紧劝姐姐："不要喊了，弟弟不是故意的。这画本来也是随便画着玩儿，打发时间的，其实你也根本不会把它拿回家呀。以前不也是吃完饭，就把画扔进垃圾桶了吗？你也没有意见呀。弟弟画了就画了，没关系的。"

但是，姐姐听了这话，非但没有停止吼叫，还开始大哭起来。谁要是安慰地抚摸她一下，还会被她拧甩着拒绝掉。可以想象，爸爸妈妈此时也已经相当崩溃，觉得姐姐简直不可理喻。得不到理解的姐姐就进一步去挑衅弟弟，被挑衅了的弟弟又反过来挑衅姐姐。就这样，等这顿饭吃完，全家人都身心俱疲。

这样的情景经常在这个家庭上演，所以当这对夫妻找到我的时候，可以说是怀着绝望的心情。

在这个事件中，这对夫妻可以改善的地方有很多，比如可以提前订菜、就餐时可以带些玩具和童书、减少无聊的等待时间，等等。但我想重点讨论的是爸爸妈妈劝姐姐的那些话——看似每句话都有道理，为什么说完之后情况反而更糟了呢？我的回答是，因为那些话中只有逻辑，而没有认可姐姐的情绪。话中的逻辑越缜密，姐姐就会越崩溃。他们很困惑：难道要承认姐姐是对的吗？任由她哭闹、大吼弟弟吗？为了让他们明白我的意思，我让姐姐重新画了一遍当时的那幅画，还让她模拟了弟弟是怎么"毁掉"她的作品的。

姐姐拿起画向我展示的时候，表情和动作都是紧绷的。

"这儿，他就是这样乱画的，弟弟总是弄乱我的东西。"她指着那些乱七八糟的线条，语气里透着愤怒。

我向她描述了我看到的："啊，我看到了，你画的这个蘑菇房子被盖住了。这个小房子好可爱呀，现在都看不清了。"

她用力点了点头，表情还是生气的，但身体舒展了一些。

接下来，我为她的情绪起了一个名字："你很喜欢你的小房子，对吧？所以你很恼火。"

"对，恼火，弟弟是坏蛋。"说着，她挥了挥拳头。这让爸爸差点儿上前呵斥，我做了个手势制止了他，然后示意他看姐姐。姐姐的情绪有了出口，表情已经是放松的状态。

最后，我给了她一个在想象中满足愿望的机会："我希望在弟弟画坏它之前，把你的房子复印 1000 份，让弟弟画都画不完。"

姐姐听了，脸上第一次露出了笑容："那我要 1 万份，1000 万份！"

我顺着她说："还要更多，把家里的房子都塞得满满的！"

姐姐已经笑着跑开了。她已经处理好了所有的情绪，找回了自己——那个有能量关爱弟弟、与弟弟和谐相处的自己。

要有智慧心：平衡理性心与情绪心

辩证行为养育法中有跳出对立、寻求辩证统一的理念。根据上文中的例子，我想介绍辩证行为疗法中的第一个统一，即理性与情绪的统一，也叫作智慧心。

辩证行为疗法中有三种"心"：理性心、情绪心和智慧心。理性心是冷的，它用思维处理信息，用逻辑理性思考。理性心擅长推理、计划、整理、分析。它很有用，但一个人如果只有理性心，就无法与别人共情和感知对方的情绪，可能造成人际关系紧张、无聊、缺少热情、没有创造力。而情绪心是热烈的，它使人个性率直、充满活力。但一个人如果只有情绪心，就很容易疲劳、躁动、很难用理性进行逻辑思考，还可能放大或扭曲事实。

　　智慧心则是情绪心与理性心的平衡、综合和统一。智慧心会用理性回应情绪，不仅能让情绪得到充分的倾听，还能让一个人利用情绪所提供的信息，做出理性的行动。如果分别用两个圆圈代表理性心和情绪心，那么，这两个圆圈有效重合的部分就是智慧心（见图1-1）。

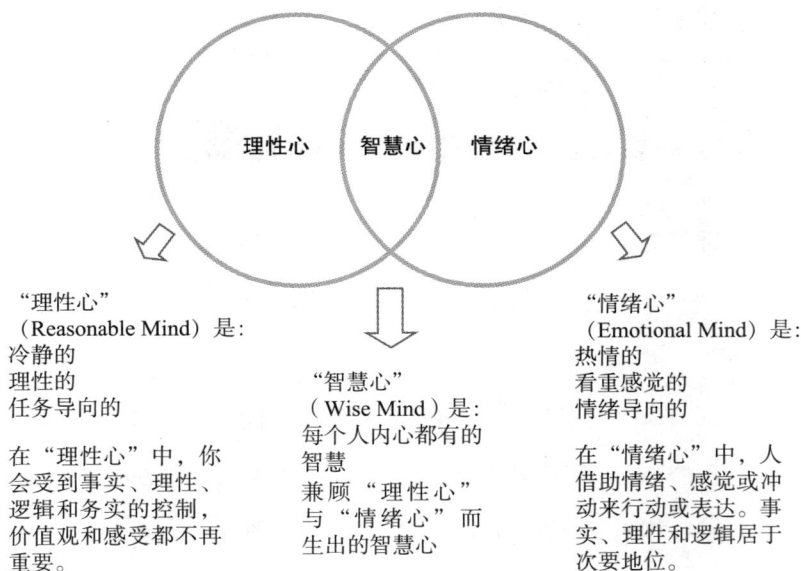

理性心　智慧心　情绪心

"理性心"
（Reasonable Mind）是：
冷静的
理性的
任务导向的

在"理性心"中，你会受到事实、理性、逻辑和务实的控制，价值观和感受都不再重要。

"智慧心"
（Wise Mind）是：
每个人内心都有的智慧
兼顾"理性心"与"情绪心"而生出的智慧心

"情绪心"
（Emotional Mind）是：
热情的
看重感觉的
情绪导向的

在"情绪心"中，人借助情绪、感觉或冲动来行动或表达。事实、理性和逻辑居于次要地位。

图1-1　把理性心和情绪心结合起来，就会生出智慧心

　　这个姐姐在吼弟弟的时候就是被情绪心主导的，而她父母的回应则完全是在用理性心叙事。姐姐觉得全世界都不理解自己，因为她的情绪没有得到接纳。父母则觉得她不懂事，因为用逻辑根本没法解释姐姐的反应。只用理性心，父母看不到一个肚子很饿又感到无聊的孩子管理情绪的困难；他们也无法共情她自我空间被挤压、私有物品被侵占的感受。可以想象，这个例子反映的是这个家庭已经比较固化的相处模式，所以姐姐应该是在反复地经历类似的事件。她的反应剧烈，因为她不仅是在对当下事件做出反应，还是在对这件事所勾起的所有类似事件的回忆做出反应，所以她的言行不免过激，甚至看起来有些错乱。而这些，只用理性心是看不到的。

这里就需要父母用智慧心来应对。我描述自己看到的那幅画、用"恼火"这样的词帮姐姐表达情绪，以及帮她在想象中满足愿望，这些都是在承认姐姐的情绪，我要用情绪心才能对上姐姐的情绪心。同时，又要让理性紧密相随，在认可姐姐的同时，丝毫不能有指责弟弟的意思，不要给姐姐"是弟弟的错"这样的信息，也不要给姐姐报复弟弟的理由和机会。承认姐姐的情绪，不代表纵容姐姐伤害弟弟的行为。智慧心能帮助孩子体验拥抱情绪的自由，然后，自律就是自然而然产生的东西。父母不用"选边站队"，却在更有效地安抚着姐姐、保护着弟弟。

这对父母把认可情绪和使用逻辑对立了起来。他们认为，认可姐姐的情绪有道理，就意味着姐姐的行为是顺理成章的，无法管束。这也是很多父母不敢认可孩子情绪的原因，尤其是在他们的孩子像姐姐一样，生气了还挥着拳头的时候。但其实恰恰相反，情绪得到认可，能让人感到巨大的舒适和平静，这是约束自我行为的基础，也是使用逻辑的前提。

理性和情绪看似对立，甚至完全相反，但它们实际上却可以融合统一，也必须有效地融合统一。好的育儿方法，就好像把凉水和热油调和成一锅美味的热汤，良好的家庭关系才能为孩子的成长提供充足的养分。智慧心告诉我们，既不要简单地"制止姐姐"也不要与之相反地"纵容姐姐"，既要承认其情绪，又要用理性对其进行引导，既要有温柔，又要有坚定的第三种可能。

也许我们很难做到每时每刻都使用智慧心，但我们要记住，每个人都有智慧心，而有意识地反复练习，能让我们越来越熟练地使用智慧心。智慧心是辩证思想的典型体现，它还会在后面的章节中反复出现，帮助读者继续进行体会和练习。

安抚孩子情绪的正确打开方式

——努力活出智慧心

小朋友摔倒、受伤、哭泣，这样的事常常发生。我们就以此为例，再分析一次前文中提到的三种"心"。

第一种：情绪心

情绪心能让我们对孩子的疼痛感同身受，产生心疼、爱怜等情感。但如果只有情绪心，我们可能会一味地责怪导致孩子疼痛的人或物。

"哎呀，磕到桌子了，桌子真坏，我们打它！"

"是 ×× 小朋友把你弄倒的呀，那我们让他道歉！"

这样回应孩子，孩子并没有减轻疼痛，反而学会了把自己的情绪"甩锅"给别人，让别人替自己负责。

还有一种回应方式是责怪孩子本人："你怎么不小心一点儿，要看路呀！"

这么说其实也是出于对孩子的心疼，它暗含着"要是孩子没有摔倒就好了"之意。但因为理性心的缺席，孩子并不会得到安慰，反而会更难过。

情绪心还可能引起"逃跑"反应，表现为不查看受伤程度，马上把孩子抱起来，或者催促孩子赶紧站起来，这是一种"逃离现场"的应激反应。但这么做可能造成孩子二次受伤，或者本来孩子摔得并不严重，反而被家长的这种紧张反应吓到。

第二种：理性心

理性心的特点是不能共情别人的痛苦，与心疼之类的情绪进行切割。表现出来的样子就是有意淡化事实，或者压抑对方的情绪。

"没事，你看没摔破。"

"这就哭了？怎么那么娇气呀！"

"行了吧，不至于。"

家长这么做其实是在逃避自己的不适感，也起不到安抚孩子的作用。

第三种：智慧心

运用智慧心，我们能看到孩子的疼痛，也能看到自己的心疼，还能用理智回应这两种疼。

孩子摔倒以后，先不要把他扶起来，而是帮他完成原地坐下休息的动作。

摔倒是一个具有创伤性质的小体验，身体刚经历了一个意料之外的冲击，会自然地产生一些生理反应，比如心跳加快、手脚颤抖等。这时让孩子待在原地休息，孩子的身体会自然地对应激反应进行处理。常见的现象是身体，尤其是受伤部位出现颤抖、手脚发热、心跳加快，孩子还有可能会哭泣。不要人为地打断这个过程，让它自然地结束，这样能帮助身体迅速从消化意外的状态恢复成正常状态。虽然疼痛并不能减轻，但孩子只需要承受摔倒带来的身体上的不适，而不用再承受意外所带来的惊吓。

至于该说什么，可以借鉴我一位朋友的做法，她会用比孩子更夸张的声音，跟孩子一起喊痛：

"啊，好痛好痛，真痛真痛，痛痛痛痛痛痛！！！"

她会一直这样重复下去，直到孩子不喊痛为止。很神奇的是，她这么一喊，孩子马上就不喊痛了。而如果我们一直说"没事没事，不痛不痛"，孩子反而越哭越厉害。辩证的智慧往往教我们反直觉而行之。我们把孩子该喊的痛都喊完了，他们就觉得自己被理解了，也就不觉得那么痛了。如果我们一直否认他们对疼痛的感受，孩子会想，是不是我得哭得更大声一点儿，你才能明白我很痛？

运用智慧心，我们可能还会说这样的话：

"你的腿很痛，跟你的腿碰到一起的桌子是不是也很痛？哦，我们揉揉腿，再揉揉桌子。桌子还痛吗？不痛了？那你的腿还痛吗？也不痛了！"

教育工作者尹建莉曾在《好妈妈胜过好老师》一书中提到过"给板凳揉痛"这个方法。给板凳揉痛，能让孩子很快忘了自己的疼痛，孩子不仅情绪很快好转，而且学会了善待对方，也学会了理解、善良和豁达。

你看，简单的一个"孩子摔倒，需要安慰"的事件，在分别运用三种"心"的状态下就有这么大的不同。我们是不是应该在生活中的事事处处都努力活出拥有智慧心的状态呢？

1. 就孩子摔倒这个事件，对于每一种"心"可能带来的反应，你还能想到其他例子吗？请进行补充。

情绪心	
理性心	
智慧心	

2. 你能举一个育儿的例子，或者生活中的事例，列举运用三种"心"的不同情形吗？

育儿或生活事例	
情绪心	
理性心	
智慧心	

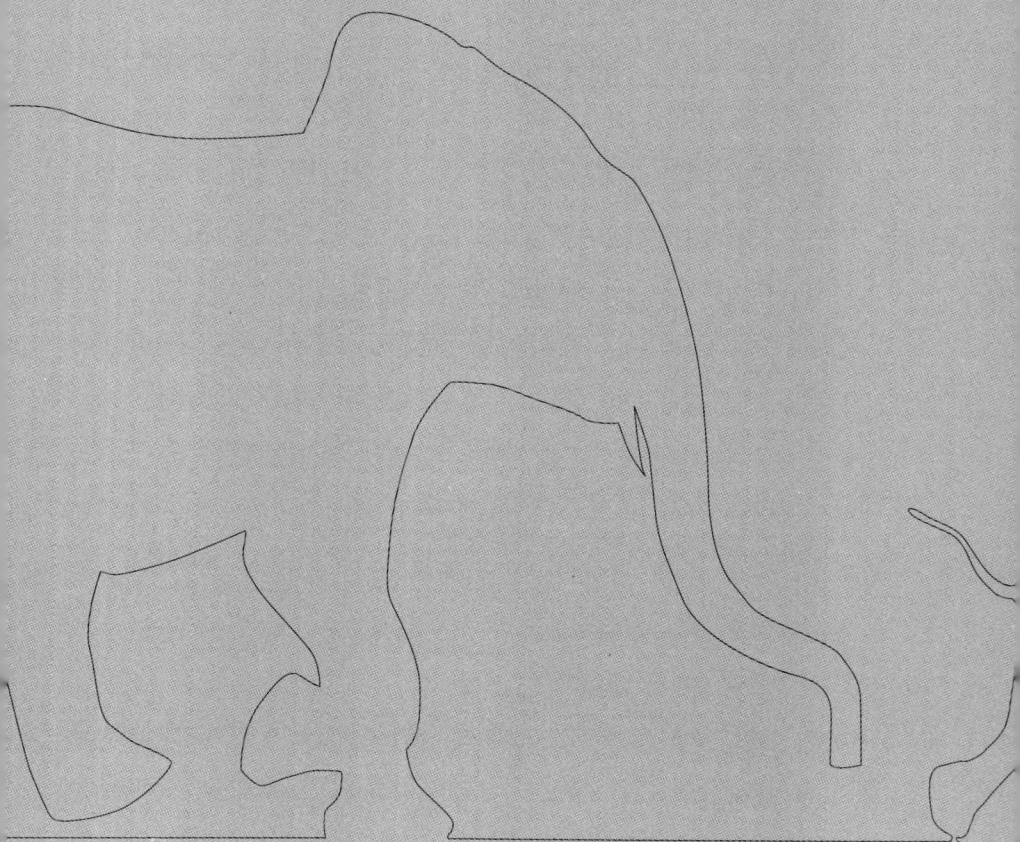

如果有人对我们说："不要想象一只白色的兔子。"我们会想什么呢？恰恰是一只白色的兔子，对吗？情绪就像这只兔子，当我们感到生气的时候，告诉自己不要生气，一般都不管用，反而还可能让情绪变得更强烈。

第二章

情绪调节

缓慢的呼吸就像情绪风暴中的锚：
锚不会让风暴消失，但它会让你保持稳定，
直到风暴过去。

——拉斯·哈里斯

"情绪调节"这个词并不是很准确，它容易让我们产生错觉，好像"生气"和其他负面情绪是需要去调整、去改变的东西。但其实，我们要改变的不是"生气"本身，而是"生气"与我们的关系。当"生气"出现时，任由它控制、摆布我们，让我们去大吼大叫，这是一种我们和它的关系；把生气当成一团烟雾，给它空间和时间，任由它在我们周围缭绕，直到散去，而我们不被它左右，则是我们和它的另一种关系。什么样的情绪在何时出现，这是自然发生的，不由我们决定。但与情绪建立什么样的关系、给予情绪多大的权力来控制我们，则是我们的选择。在与情绪的良好关系中回应孩子，才是我们自己在对孩子做出回应，而不是情绪在替我们回应。

在这一章中，我们一起探索如何不被情绪所困、如何寻找到情绪风暴中的"锚"，让我们对孩子的回应是自主选择的结果。毕竟，我们不需要控制情绪，只要让情绪不控制我们就可以了。

第 1 节

家长的情绪经常失控怎么办

——观察、描述、不评判，平静练习

正念中的观察、描述、不评判

很多家长向我咨询过类似的困惑：虽然知道不应该吼孩子，但如果发现孩子在该上网课时偷偷上网看视频；或者发现孩子有几页作业根本就没看见，也没写；或者说过几百次洗完澡要把浴巾挂起来，但孩子就是养不成好习惯。这种时候真的很难不生气呀！

套用莉萨·W. 科因（Lisa W. Coyne）和埃米·R. 默雷尔（Amy R. Murrell）所著的《育儿的乐趣》[1]一书中的一句话：恭喜你经历了人类的体验。意思是，这太正常了，不要觉得自己做错了什么，也不要觉得孩子出现问题是自己的错。同时也要看到，我们对

---

[1] COYNE L W，Murrell A R The joy of parenting: an acceptance & commitment therapy guide to effective parenting in the early years [M] .Oakland：New Harbinger Publications, 2009.

孩子有很大的影响力，可以帮助他们习得不同的生活方式。不用纠结我们以前对孩子发脾气是不是做错了，对和错是两极思维，而在辩证思维中，我们要思考的是可能性。如果我们有可能给予孩子有营养、有意义的教育，那我们就去实现这个可能。

我把管理家长自己的情绪安排在了本书非常靠前的位置，因为我们的情绪就是孩子的成长土壤。也许我们对于"希望把孩子培养成什么样的人"有期待、有目标，但如果没有合适的土壤，这一切都是枉然。失控的情绪只能培养出失控的孩子，只有在健康的土壤里才能长出健康的栋梁之材。

实现这个目标的方法就是正念养育：用正念管理情绪。所以，在与情绪管理相关的这一章中，我会从多个角度阐述正念养育这一概念。什么是正念呢？先来看看下面几个例子。

- 读了一页书，到翻页时才发现，刚才自己完全走神了，一个字都没看进去。
- 开车去一个比较熟悉的地方，但一路上都有心事，到了地方都不知道自己是怎么开过来的。
- 生活的例行程序有小的变动，比如平时都是直接去上班，而今天需要先去趟邮局再去上班，结果到了办公室才想起来自己完全忘了去邮局。

以上这些情况就属于没有做到正念。正念的反面不是"邪念"，而是心不在焉。这样的我们，就像是开启了自动驾驶模式的飞机或汽车，只能应对最简单的状况，情况稍稍复杂一点儿就可能是灾难性的；也像是进入了托管模式的电脑游戏，只能表现出玩家最低的水平，很难取得胜利。用心不在焉的状态育儿和生活，当然容易感到失控。

你玩过那种翻越各种障碍的公园探险游戏吗？如果公园探险是生活，正念就相当于我们的眼睛。正念是一种"睁开双眼、注视当下"的生活方式，反复将心拉回对当下的觉知上，不带评判也不带执念，进入当下，觉察其中的一切，并以此为起点，以"兵来将挡，水来土掩"的平静心态履行我们的职责。

打坐、冥想一般都是正念的，但正念不一定仅仅是打坐冥想。只要有意识地把注意力放在当下、放在眼前正在发生的事情上，就是正念。正念不是一种做事的方式，而是一种存在的状态。所以，我们可以在生活中的任何时刻、任何事件中运用和练习正念。比如洗碗、开车、喝茶、刷牙，都可以用正念的心态去做。正念可以帮助我们减轻压力和焦虑，处理愤怒等负面情绪，提升幸福感，还可以促进亲子关系的和谐。

正念练习的要领是观察、描述及不评判的态度。

一、观察和描述

没有观察，就像是闭着眼睛玩公园探险游戏。对孩子的某个行为（比如不挂毛巾）发脾气，就相当于对着探险公园里的某个障碍发脾气。如果不喜欢眼前的这个障碍，我们当然也可以闭上眼睛不看，但只有睁开眼睛，我们才能想办法跨过这个障碍。观察能让我们触摸到真实的当下，此刻、此处才是我们真正活着的所在。人只有活在过去或未来的时候，才会发脾气。比如，活在过去时，家长可能会想："我都说了几百次了，他怎么就是记不住呀？！"而活在未来时想的是："他到底什么时候能养成好习惯呀？"辩证行为养育法告诉我们，过去和未来都不是我们当下能直接体验到的。如果我们一直活在过去或未来，那我们其实就没有在真正地活着。

而描述则是观察的"孪生好姐妹"：把观察到的东西用语言表达出来，就是描述。只有先观察到，才能进行描述。

那么，该怎样练习观察和描述呢？

我们可以从**身体感受**开始。比如，当我辅导孩子做功课时，我觉得已经把知识点掰开揉碎，讲得再明白不过了，孩子却像是大脑一团糨糊，怎么也学不会。这时，我感到血流往头顶冲、喉咙发紧、口干、心跳加快、双手微微发抖，整个人坐立不安，我不仅说话的音量高了，语速也变快了。

我们还可以观察和描述自己的**想法**。比如，我觉得自己和孩子之间好像有一堵墙，它把我输出的信息全部挡住了，什么都到不了孩子那里。或者，我像一只鸟，怎么飞也绕不过这堵墙。

也可以观察和描述自己的**情绪**。比如，我感到着急、烦躁、失望、生气、挫败。

观察和描述自己的**行为冲动**也很重要。比如，我想骂人、想打人、想摔笔、摔书、摔课本。

也许你觉得应该改变自己的某些反应，那你就得先知道它们是什么样的、什么时候出现，这样才有改变的可能。观察需要在一心一意和全心投入的状态中进行，是在注意到一件事的同时又能从这件事中抽离出来。比如，心跳是一回事，观察到自己的心跳是另一回事，这时的你仿佛有了一双长在自己身体以外的眼睛。同样，发脾气和看到自己发脾气也是两回事。

在进行了这么多观察和描述之后，你有没有觉得你的冲动已经减少了一点点呢？观察可以在我们与困扰我们的事件之间创造一小段健康的距离，让我们不至于被事件淹没；它也可以让我们跃居问题之上，拥有俯瞰视角，发展出更灵活的应对能力。

二、不评判

评判有两种，一种是辨别，一种是评价。"这个桌子比那个桌子高"，这是辨别。辨别是必要的，比如，你要跳进泳池游泳，得先辨别泳池里有没有水。而"这个桌子比那个桌子好"，则是评价。正念的不评判，指的是不给予好或坏的评价。评价是我们附加在事实上的，不属于事实本身，它基于我们个人的价值观、想法和观点。比如，"这个桌子有一米高"，这是事实；"这个桌子太矮了（或太高了）"，这是评价，不属于客观事实。我们要保留辨别，放下评价。不评判是一种能力，是把事实真相原本地表述出来、不加以好或坏的评价的能力。

为什么要不评判呢？我们以小朋友进屋不关门、脱了外套往地上扔、上完厕所不关灯这些日常小事为例，比较一下下面这两组说法。

评判的说法：

"你怎么又不关门，你是怕外面蚊子进不来，还是怕空调不够费电？"

"这么大了也不长脑子，外套应该往地上扔吗？"

"说了多少次了也记不住，关灯！"

不评判，只描述事实的说法：

"宝贝，门还开着，蚊子要进来了。"
"乖乖，外套在地上。"
"儿子，洗手间的灯还亮着。"

评判孩子，会让孩子总听到自己的不是，反而更难做出正确的行为。如果我们能以不评判的方式说话，只描述事实，就能给孩子一个告诉自己该怎么做的机会。同样的道理也适用于夸奖孩子。"你真棒""你真聪明"这样的评价式夸奖就不如"我看到你把所有的题都写完了，字迹工整，没有错误"这样的描述性夸奖更有效。

总结

正念就是全心投入地感知当下，观察和描述自己的身体感受、想法、情绪和冲动，并用不评判的方式描述事实。在这里还要强调一下，我们只能观察和改变自己，而不能观察和改变别人的内在体验。对别人外在行为的观察只能帮助我们猜测他们的感受、想法、情绪和冲动，这些都是无法直接被观察到的。这些内在体验，只有在自己有主观意愿时，经过学习和努力，才有可能改变。所以，不要在孩子或伴侣伤心或生气时告诉他们"别伤心、别生气"。假装自己能改变或尝试改变别人的内在体验，只会让我们体验失望。

在育儿的过程中，碰到不好解决的困难，要时刻提醒自己：记得使用技巧。本书的第一章讲了智慧心，这一节又讲了用观察、描述、不评判来做到正念，而且在本节文后附有帮助你练习的题目。本书中的每一节都会用到不同的育儿案例，这些案例在某个特定的地方出现，只是为了方便展示技巧，并不意味着该小节讲述的技巧只能应用在本节的一个案例上。使用本书时，你可以在读完后面的章节后，回想前面讲过的技巧，如果想把它们用在这一节的案例中，应该怎么使用？把前面讲过的技巧用在后面的案例中，又会是什么样子？在自己的生活中，有什么场景能用到每一节提到的技巧？学了技巧后如果不去运用，学再多的技巧也等于没学。请你敦促自己练习灵活使用这些技巧并养成习惯，请让"使用技巧"四个字成为你常常默念的"咒语"。

思考与练习 | 智慧心与正念技巧

1. 以本书第一章第 1 节中的故事——姐弟在餐厅吃饭时起冲突为例，想一想该如何使用正念技巧，以观察、描述、不评判的方式应对？

2. 以孩子摔倒后哭泣为例，想一想该如何用观察、描述、不评判的方式对其进行安慰。

3. 以辅导孩子功课为例，想一想该如何用智慧心帮助在学习中遇到困难的孩子。

4. 以孩子进屋不关门、脱了外套往地上扔、上完厕所不关灯这些日常小事为例，想一想该如何用智慧心回应孩子。

5. 你还能想到生活中有哪些事情可以用观察、描述、不评判的正念方式回应吗？请在这里记录下你的正念练习。

给人带来平静的四个动作

生孩子之前，我和很多准父母一样，对即将到来的小生命充满期待，想象中与她的相处全是温馨的画面。本书的标题以"温暖"开头，而我在真正有了孩子后才发现，有时家庭氛围要做到"温暖"谈何容易？看看下面孩子的这些常见行为，你能忍到第几条不发火。

- 叫孩子刷牙洗漱，然后上床睡觉，但是孩子左拖右拖，或者躺在床上半天不入睡，时不时起来"骚扰"你一下，让你也做不成自己的事。孩子明天还要早起，晚上睡不够，白天就容易注意力不集中，你可能还担忧孩子因睡眠不足影响长身体。

- 检查孩子的数学作业，发现孩子把减法做成了加法，把加法进位加了两次，或者把乘法口诀都记乱了。孩子出现了很多这样的"低级"错误，考试也是因此丢分，非常可惜。

- 陪孩子练琴，两个一样的音符，孩子认识第一个，却不认识第二个了。或者，某个容易弹错的地方，你已经反复提醒，可孩子还是弹错。

- 玩具摊了一地，你提醒了一次、两次、三次。孩子嘴上答应收拾，但眼睛就是离不开电脑游戏。你路过时，碰到会响的玩具吱哇乱叫，踩到很滑的一本书差点儿摔倒，还有乐高硌到了你的脚。

以上每一件事情都反复地在我家发生过，我也为每一件事情都生过气，所以也可以告诉你我吼完孩子之后的结果。

- 为睡觉的事情吼了孩子，孩子拉着脸，因为被训了一顿，更睡不着了。虽然不敢再下床，但第二天孩子的精神状态和心情都不好。
- 为数学作业的事情吼了孩子，孩子大哭，精神紧张，再做后面的题时接连出错。
- 为弹琴的事情吼了孩子，孩子大哭，不仅依旧记不住那个容易弹错的音符，后面弹错的地方还更多了。
- 为收拾玩具的事情吼了孩子，孩子一脸不情愿，慢吞吞地起身，敷衍地收了几下就干别的事情去了，还是留下很多玩具没收。

如果你也经历过类似的情景并吼了孩子，你还记得吼完之后的结果吗？即使当时效果立竿见影，把吼骂作为常用手段，也只会越来越不好用。我们养育孩子，肯定对他未来会长成什么样的人有一定的期待，比如，希望他成为诚实、勇敢、善良、有自驱力的人。那么，这一切又如何在吼骂中实现呢？

总是被批评，孩子就学会了撒谎和逃避责任："这不是我弄的。"

被用吼骂的方式对待，孩子就会模仿家长的吼骂行为，自然离温柔善良越来越远。

被催赶着做事情，孩子就会习惯让别人承担规划自己生活的责任，就不会有机会发展自驱力。

我们为什么要提醒自己管理情绪？因为多数时候，吼骂孩子不仅伤害亲子关系，更重要的是，它对孩子的成长只会起到拖后腿的作用，让我们离养育子女的初始目标越来越远。

在上一节中，我们讨论了用正念技巧实现情绪管理的方式。如果你觉得操作起来还是很困难，那就再看看这一节的内容：从身体层面入手，通过四个简单易行的身体动作实现情绪管理，体验不被情绪控制、对情绪有所掌控的感觉。

首先，当我们知道自己快要发火时，先进行判断：这是孩子的危机还是我们的危机？孩子的危机就是孩子或别人有紧急的生命或财产安全问题，例如：

• 孩子就要摸到炉火、开水、电门了；

- 孩子要打人、推人、咬人，或是被打、被推、被咬；
- 孩子要把汽车划坏、把石头从阳台扔下去、把足球踢进窗户里。

在上述情况下，需要采取紧急行动。吼、叫、骂，都可以，先规避危险和恶劣后果再说。

但是，我之前举的那些例子都不属于这些情况，它们属于我们自己的情绪危机，所以在时间上并没有那么紧迫。在这种情况下，我们要做的是下面的四个动作。

一、深呼吸

深呼吸听起来非常老生常谈，但是它真的很有效。人的情绪有波动时，呼吸一定会在某种程度上变急、变浅，而一个呼吸急促且浅的人是很难感到平静的。所以，有意识地调整呼吸，让它变慢变深，就能有效地反向改变情绪。练习深呼吸，可以尝试从 4 秒吸气、5 秒呼气的节奏开始。练习时要反复多呼吸几次，最好一直到情绪完全平复下来。如果时间不允许，也至少要练习到明显感到情绪有所回落为止。有关调整呼吸的技巧，在第三章第 3 节对"水氧呼吸放松法"的阐述中有更详细的讲解。

二、后撤一步

第二个动作，后撤一步。不光是在心里后撤一步，而且是行动上真的后撤一步，甚至可以去另一个房间，一个孩子看不见我们的地方。物理上的距离，能创造出心理上的空间，拉开事情和情绪之间的距离。深呼吸和后撤一步同时使用，有事半功倍的效果，很多时候，只要做到这两步就已经够了。

三、浅笑

人会通过表情和动作表达情绪，比如生气时眉头紧锁、表情严肃、双手握拳。这样的表情和动作会进一步向大脑传递"我很生气，有让我很生气的事情正在发生"这样的信号。利用大脑的这个特点，反向控制表情和动作就能有效地控制情绪。

所以，第三个动作叫作浅笑。步骤如下。

（1）舒展眉头；

（2）放松面部肌肉；

（3）放松肩膀，把脖子拉长，想象自己拥有美丽的天鹅颈；

（4）嘴角微微上扬，做出半微笑的表情。

可以想想那些面带喜色的雕像。模仿它们的样子，做出平静和接纳一切的表情。这听起来也许很滑稽，但这个技巧不仅简单，而且极其有效，它强大到可以帮你应对几乎任何级别的愤怒。你的浅笑甚至都不需要让别人看出来，只要你自己能感觉到就行了。但要注意的是，肌肉要完全放松，表情要完全平静。半放松却不放松，想平静却不平静，只会给大脑发送矛盾的信号。

四、愿意的手

最后一个动作叫作愿意的手。具体动作如下。

（1）把手掌打开；

（2）手心朝上；

（3）把手放在身体两侧；

（4）放松肩部和手指。

收紧的肩部和握紧的双手也会给大脑输送"我很生气"的信号，而张开朝上的双手却能给大脑发送"一切都可以接受"的信号。

接纳的姿态通常会伴随着沮丧感。比如在上面那些例子中，我们要接纳以下现实。

孩子会睡眠短缺的现实。

孩子做题正确率低的现实。

孩子识谱不熟练的现实。

玩具还没收好的现实。

很多时候，我们无法做出"浅笑"或"愿意的手"，是因为我们不敢面对沮丧感，对它充满恐惧，本能地想逃避。这是我们练习接纳时面对的最大障碍。但是要知道，即使最强烈的沮丧感，也会伴随着卸下重担的轻松感。我们需要直面自己的恐惧，然后拥抱这种轻松感。拒绝和否认并不能帮我们改变现实，只会把痛苦的感受变得更痛苦、更加无法忍受。而接纳则可以把不可忍受的东西变得可以忍受。换句话说，要改变现状，就要先接纳现状，然后才有可能运用技巧、改变现实。

如果你在情绪激动时实在难以做出这四个动作，可以先尝试在情绪比较平静时进行练习。熟练之后再把它们应用于只有一点点不开心的时刻，循序渐进地慢慢给自己增加难度。本节的末尾附有帮助你养成日常练习这四个动作的作业单。

了解了这四个技巧，再试一试：现在你可以触碰到智慧心，平衡现实和你想要的结果了吗？也可以试试运用前面提到过的其他技巧。

给出选择：

"你可以现在洗漱，然后我们一起读 2 本书（或者其他吸引孩子的事情），或者你可以 10 分钟后洗漱，不读书，直接睡觉。"

肯定孩子做对的事情：

"这道题是加法，你做的也是加法，而且做对了。接下来再看看是不是每道题都是这样。"

对于需要熟练掌握的东西，帮助孩子加以练习：

"这个谱子的这里和那个谱子的那里都是 fa，这两个是同一个音符。你看这个谱子里还有 fa 吗？能不能都找出来？"

不带评判地描述：

"宝贝，乐高还在地上，硌到我的脚了。"

这就是从情绪危机中走出来，走向智慧心的四个技巧：**深呼吸、后撤一步、浅笑、愿意的手**。这些技巧通过改变身体姿势来反向改变情绪，帮助我们回归温柔而坚定的智慧心，同时也帮助孩子体验自由、做到自律。

最后，我在这里要提醒的是，学了这么多技巧，如果下次碰到事情你还是一个技巧都没用出来、你的情绪还是失控了，也不必自责。你已经能意识到自己错过了一个运用技巧的机会，这种意识就是正念，这是改变的第一步，而且是最重要的一步。

布琳·布朗（Brené Brown）在《聆听羞耻感》（*Listening to Shame*）这场 TED 演讲上分享过，她看过的一个血液测试领域的人做的 TED 演讲，他说因为贫血，很多人不必要地死去，所以他特别想发明一种检测贫血的技术："我看到了这个需求，然后你知道我做了什么吗？我发明了这个技术。"这时观众都为他鼓掌喝彩，接着他说："但是它用不了。所以我就又做了 32 次，然后它能用了。"

我们要有这种尝试 32 次也不言放弃的精神。孩子不是被吼一次就会有心理创伤，也不是只要被骂过就不能健康长大。你只要记得，发火的时候越少越好，运用技巧的时候越多越好。已经发生过的情绪失控就让它过去，而对未来的每一次情绪冲突，都尽最大的努力去管理。这也是一组辩证统一关系。懂得辩证的人喜欢说"同时""并且""……和……都对"。过去的我们，已经做到了过去最好的自己，而未来的我们还可以做得更好。也就是说，我们已经足够好了，但同时，我们还可以更好。你会慢慢发现，这样的辩证统一在生活中无处不在，辩证行为疗法技巧不只适用于育儿过程中的挑战，也适用于生活中的所有挑战。辩证行为疗法能帮助我们变成更有智慧的人，让我们的生活更有意义。

思考与练习 | 让人平静的动作

1. 先想象一下两个孩子正在你旁边吵架，或者你需要安慰一个摔倒后哭泣的孩子，然后练习深呼吸、后撤一步、浅笑、愿意的手这四个动作。

2. 你上一次发脾气或不耐烦是什么时候？当时发生了什么？回想那个场景，然后练习深呼吸、后撤一步、浅笑、愿意的手这四个动作。最后问问自己，带着现在的平静，你的处理方式会有何不同？你的智慧心告诉你该怎么做？

第 2 节

如何面对一个情绪崩溃的孩子

——全然接纳

为什么我们需要全然接纳

如果孩子心情不好，相信很多家长都会先试着安慰他。但如果一直安慰不好的话，就很难做到始终不急躁。一个情绪崩溃到无法收场的孩子，往往是家长管理自己情绪时面对的最大挑战。在低龄儿童中，起床气就是这样一个可能安抚不好，甚至越安抚越让家长痛苦的例子。

我的女儿娜娜，她在两三岁时读过一套童书叫作《红帽子艾米莉》，其中一本叫《艾米莉不高兴》。在这个故事中，小姑娘艾米莉睡醒了，可她睡得不好，有起床气。艾米莉先是胡乱套上裙子，然后不刷牙、不洗脸，也不穿鞋。穿着袜子走路很滑，她摔倒了，而且正好压在她家的宠物刺猬身上，艾米莉大哭起来。吃早饭时，她觉得牛奶不够甜，哥哥给她加了糖，她又觉得太甜了，就故意打翻了牛奶，还打了哥哥，吓哭了妹妹。艾米莉又是踢门又是大哭，结果嗓子疼了、脚也疼了，她爬上床又睡了一觉，心情才变好。

　　这简直和我们家娜娜经常闹的起床气一模一样。她一般先是哭哭啼啼地表示她醒了，爸爸去抱她，她却只要妈妈；我给她拿一条绿裙子，她不要，再给她拿一件黄衣服，她又要那条绿裙子了；给她吃面包，她要酸奶，等酸奶刚装进碗里，她又不要酸奶，要喝水；给她倒水，她不要这个杯子，换了个杯子，她又要之前的杯子了；我刚拿起杯子，她又"no no no"地表示不要了。而且她全程哭哭啼啼，喊着"不要，不要"，还是那种声调拐着弯的"不要"。她每哭叫一声"不——要——这个——"，都是在我即将爆发的不耐烦上"蹦迪"。我终于失去耐心，把杯子啪的一放、脸一板，娜娜会开始大哭，这会让我更不耐烦，抱起她放进厕所，把门一关。关了几秒钟，我又觉得不对，会开个门缝质问她："还闹不闹了？"她根本不接话，一边哭一边扒着门，一心只想出来。这种时候，我一边简直想关她一万年，一边也觉得好像已经把自己绕进了死胡同，不知道该怎么收场。

　　后来，娜娜再一次有起床气时，我终于决定不再把自己逼进死胡同，而是尝试一下其他可能。我坐在可以平视她的地方，平静地看着她："娜娜是不是没睡好，心情不好？"我拿起手边的一个小玩偶，继续说，"你看你的小兔子也没睡好，你要抱抱它吗？它的耳朵好长呀，但是软软的，摸上去好舒服呀。这只小熊是她的好朋友吗？它也想摸摸小兔子的耳朵，但是小兔子放了一个屁，把小熊熏跑了。"我就这样有一搭无一搭地分散她的注意力。娜娜刚开始还是对一切都抗拒的态度："没有没睡好""不要抱妈妈""不要抱兔兔""不要小熊熊"。在持续感受到平静、轻松、幽默的氛围之后，她哈哈大笑起来，很快就调整好了情绪，愉快地吃了早饭。

我们总是觉得孩子在挑战我们的耐心并因此烦恼，但可能没意识到，我们在用一种对抗的方式应对孩子的情绪。我越是想着"你不要犯起床气了，现在就停下来"，娜娜越是停不下来。这样的我成了不断想从此时此刻逃脱的"奴隶"。

起床气就是孩子无法调节自己情绪的一种表现，这时候他们最需要我们演示该怎样调节情绪。我们又怎么能期待通过发脾气来教会他们如何不发脾气呢？我那些摔杯子、关厕所门的举动，是和娜娜并无二致的执意任性啊！孩子也许出于畏惧，能被我们的恐吓暂时止住哭声。但我们要做的，是帮助孩子培养自我调节的能力，因为我们希望他们最终能学会控制自己的情绪，不是吗？

辩证行为养育法里有个很经典的技巧，叫作全然接纳。接纳和全然接纳并不相同。接纳是承认事实的存在，而全然接纳是放下所有与现实的对抗，敞开自己，彻底地体验当下的现实，如其所是。

只有用全然接纳拥抱我们和孩子的存在本身，以及当下的一切事实，我们才能完成自己需要的转变，找到内心的平静，甚至还有创造力和幽默感。

也许你会问：我的目的就是改变孩子，为什么要我来全然接纳？接纳过错和坏行为，不就等于赞同它们吗？其实，拒绝接纳现实、发脾气才是真正无法改变孩子行为的做法。当孩子迷失在情绪风暴中时，我们很容易有一种冲动，想让自己的能量敌得过孩子的情绪。但任由这种能量横冲直撞的话，只会进一步放大孩子的情绪，事情会走向难以收场的地步。辩证的理念中有很多相反的力——要想改变你不能接受的事情，就得先全盘接受它。等到孩子有没有起床气对我们来说都没关系的时候，他们的起床气就消失了。

全然接纳的六个步骤

第一步，注意一下是什么触发了我们的抵触情绪。

对我来说，我已经在尽量满足娜娜甚至有些过分的、无理取闹的要求了，可她还让我听到如此让人烦躁的哭声，这是我的触发点。

第二步，提醒自己，现实不能在这一刻马上改变。现实是由我不能掌控的原因造成的。

起床气是正在发生的既成事实，也许无论我做什么它都不会马上消失。在很大程度上，娜娜睁开两只眼睛之后的状态，我是无法控制的。就由着她无理取闹、哭哭啼啼一会儿，好像也没什么大不了。

第三步，想象一下，如果能接受现实的话，自己会做什么，情况会变成什么样。然后，带着假装自己已经完全接受了现实的状态去做那些事。

如果能接受娜娜的起床气，我会耐心而平和，气氛会平静，没有对抗。虽然我心里并没有完全接纳她的起床气，但我先努力做到耐心、平和、不对抗，结果，事情往往会朝着仿佛我已经完全接纳了它的方向去发展。

第四步，使用放松、正念等技巧理解自己的情绪，让自己以安全的方式感受这些情绪。比如，观察情绪是如何与身体共鸣的。有没有感到哪个部位紧张、疼痛，或者收缩？

我的心跳会加快，血流会往头上涌，有一种能量必须爆发的冲动。但同时，我可以允许身体有这样的变化，它们不需要控制我的言行。

第五步，即使是痛苦的生活体验，也是值得经历的，所以要去接受这些体验。不适感是活着的一部分，如果认为只有去除所有不适才能活着，那就没有人能活着了。

对身体的正念观察让我觉得，不过是心脏跳得快一点儿、头痛一会儿嘛，都可以忍受。我不一定非得马上做点儿什么来缓解自己的不适。

第六步，当抵触情绪出现时做一个全然接纳的决定。

不管娜娜的起床气需要多久才能过去，我都可以在思维、身体和情绪上对自己改变不了的事进行完全的接纳。我可以敞开自己，找到智慧心，让事情不再恶化。

在第四章第 2 节中，我们会讨论"相反行动"这个技巧。把相反行动和全然接纳这两种技巧同时使用，有事半功倍的效果。相反行动，就是做出与冲动完全相反的事，也可以是产生与孩子的情绪完全相反的情绪。如果孩子是烦躁不悦的，我们就要做到平静而轻松；如果孩子是暴力挑衅的，我们就要做到平和不暴力。转向孩子情绪的反面，这是一种无声又深切的力量，它能最有效地告诉孩子什么是我们认可的行为，而什么是不好的行为。这也能让孩子有机会感受到辩证的平衡，回归真实的自己。

以前，在我和娜娜对抗的状态中，她的起床气可能会持续很长时间，下午睡醒午觉都不见好转。而在全然接纳的氛围里，这个时间明显缩短了很多。更让我惊喜的是，娜娜不仅发展出了情绪调节的能力，甚至还发展出了评估自己情绪的能力。现在每天早上醒来，她都会告诉我她的心情。她可能会笑盈盈地对我说："妈妈，我没有起床气。"我会说："你睡得不错呀，那真好！"她也可能拉着小脸告诉我："我不开心。"我会说："你没休息好，那你要不要去沙发上再躺一会儿？"她会点点头，抱上小兔子玩偶，再拉上一条小毯子，煞有介事地照顾自己在沙发上休息。也许是早饭之后，也许是出门之后，但毫无例外的是，她会在某个时间点笑着对我说："我开心了，妈妈！"我会说："你的起床气过去了？"她会满足而骄傲地点点头。这一刻，我自己感到轻松，也替她高兴，又因为我没有去对抗她的糟糕情绪，所以我的情绪也没有太多的起伏，就感觉是一个情绪阶段自然地过去了。

在育儿时，我们要常常问自己：孩子需要从我这里得到什么？是生硬的要求，还是一个良好的模仿对象？面对现实，要想做到全然接纳，我最焦虑的是什么？放下这份焦虑，我又会得到什么？全然接纳也是辩证思想的典型例子：以强大存在的姿态出现，用温柔暖心的方式对待。既不是针尖对麦芒的对抗，也不是一味的纵容和溺爱。既接纳孩子的一切不开心，也用最有效的方式引导自己（和孩子）对情绪进行调节。育儿即育己，锻炼自己的情绪控制能力，从包容孩子的一次起床气或孩子的一次发脾气开始。

思考与练习 | 全然接纳

1. 全然接纳技巧可以运用在本书中的哪些育儿案例中？你会怎样使用它？每个步骤看起来会是怎样的？

2. 在"娜娜的起床气"这一事件中，我还使用了"给人带来平静的四个动作"相关技巧：在推开娜娜的房门前，我先做了几个深呼吸，在心里面对自己的急躁后撤了一步，然后带着浅笑的面部微表情，以及放松的、愿意的手走进她的房间。在这个例子中，你想运用这个技巧吗？以什么方式运用？你还能运用其他技巧吗？

第 3 节

来自父亲的关爱对孩子影响重大

——父亲参与育儿要尽早，莫浅尝辄止

父亲参与育儿要尽早

在一本专门讲家庭育儿的图书里，我认为有必要单拿出一节来讲讲父亲这个角色。"父母谁来育儿""夫妻谁来做家务"这样的话题屡屡掀起舆论热议。"丧偶式育儿""影子爸爸""母职惩罚""照料赤字"，通过这些网络热词就可以窥见，家庭内部的男女双方在家务分担、子女教育分担等方面不公平的问题。《2018 年全国时间利用调查公报》显示，居民的家务劳动日平均时间，女性为 2 小时6 分钟，而男性为 45 分钟；居民陪伴或照料孩子生活的日平均时间，女性为 53 分钟，而男性为 17 分钟。中国教育科学研究院曾做过一项小学生家庭教育现状调查，结果显示，逾五成家庭的子女教育，是母亲在"唱独角戏"，只有约三成家庭能做到父母共同负责

子女教育，而由父亲主要承担对子女的教育职责的家庭仅占一成。

其实，父亲能否参与育儿，对孩子的影响极为重大。

美国弗吉尼亚大学心理学系的杰西卡·J.康纳利（Jessica J. Connelly）及其团队通过小鼠实验发现，接受了更多来自父亲的照顾的幼鼠，其遗传衰老速度明显减慢。父亲的关爱，使雄性幼鼠兴奋性突触的特异性大幅增加，也就是说可能会让幼鼠变得更聪明。这些备受父亲关爱的雄鼠长大后还表现出更多的"幼崽取回"行为（即用嘴巴轻轻叼住幼鼠来移动他们，以确保他们的安全，这是照顾幼鼠的一种典型行为），而受父亲关爱长大的雌性幼鼠则表现出较少的幼崽取回行为。该研究提示，雄性小鼠后代对父亲的关爱更加敏感，其神经行为发育受父亲的影响更大。这些研究结果于2023年7月24日发表于《美国国家科学院院刊》。

也许你会说，这是拿小鼠做的实验，应用到人身上还有距离吧？但美国教育部曾经发表的一项研究表明，密切参与育儿的父亲，使孩子学习成绩优异的可能性增加了39%，留级的可能性减少了45%，上大学的概率翻倍，而其未成年子女未婚先孕的概率降低了75%，犯罪的可能性减少了80%。相比之下，成长于"丧偶式育儿"家庭的孩子，更容易在婴儿期早夭、在学龄时期有行为问题，甚至违法犯罪。所以，我认为，在母亲普遍高度参与育儿的大环境中，父亲参与育儿的程度是可以轻松拉大一个孩子较其他同龄人的优势的重要因素。与其说"别让孩子输在起跑线上"，不如说"别让孩子输在缺少父爱上"。

而且，父亲参与育儿要尽早，因为孩子从婴幼儿时期到学龄前这段时间是非常特殊的一个阶段。在这个阶段，父母几乎就是孩子的全部世界，孩子再也不会有哪个阶段能这样全身心地依赖父母。我们对孩子的影响力也没有任何一个其他时期能够超越这个阶段。这是塑造他们、让他们成为有能力实现自己梦想的人的最好机会。

也许有的父亲会说："但是工作赚钱也很重要啊，总不能让一家人饿肚子。"为孩子提供物质支持当然重要，但我希望这不是对你来说唯一重要的事。在咨询工作中，我听过无数父亲抱怨孩子不和他们交流，只向他们要钱，根本无法沟通。如果你不想成为这样的父亲，就要注重与孩子的情感交流。

父爱如此重要，但我们对父爱的理解是偏颇的，一说起父爱就要"如山"，我们往往想到的是父爱高大、稳重、深沉。父爱似乎只能是自我牺牲的，比如辛苦工作供养孩子；或是深谋远虑的，比如为孩子规划学习及职业生涯，选择合适的学校。可是，这样的付出不是上文中的那项研究所指的"密切参与"育儿。我们并不会过分宣扬温柔的、亲近的、理解的、倾听的、"用嘴巴不断叼回幼崽"的、有耐心的陪伴之爱，但父亲和孩子之间如果没有情感交流，对孩子来说，"父亲"最多只是一个名词符号而已。如果父亲被剥离出孩子的日常生活，他们之间有限的交流也只会停留在父亲带有功利性地问孩子"学习怎么样？""工作找到了吗？"这样的层面上。

更糟糕的是，很多父亲习惯在孩子面前展现权威性和领导性。可是，高高在上的父亲只会让孩子产生自卑感与无力感，甚至是慌乱绝望的情绪。父亲应该是孩子学习如何成为一个"大写的人"的范本，但如果父亲和孩子的关系从一开始就被建构成了不平等的，在这样的关系中，孩子又如何学到内心富足、平和待人呢？在这种关系里的父亲，内心也不会得到真正的满足，因为他获得的那种肤浅的尊重，只是建立在一个名词符号上，而不是他本人的人格魅力上。

确实，在我们的社会规范中，评判一个男人的一大标准，不是看他跟孩子和家庭的关系有多么和谐密切，而是看他的经济实力、政治权利、社会地位等。这会让男性觉得扮演一家之主、担负经济重任，比陪孩子玩耍和说话更能体现自己的价值，也更值得去做。而那些心里本来就有些自卑的男性，更容易掉进一个陷阱——迫切地想达到某种世俗的标准，展现"男子气概"，从而赢得尊重。这样的陷阱很危险，它在剥夺父亲对孩子的高质量陪伴。

这个陷阱的危害还不止于此。为了迎合一些让男性"不丢脸"的评判标准——例如，父亲不凶就没有威严、没有面子，有些父亲可能会采取呵斥孩子，甚至打孩子这样的反教育手段。所以，说起家长的自我情绪管理，虽然普遍的性别刻板印象可能会认为女性更情绪化，母亲更容易发脾气，但其实父亲在育儿过程中面临更大的情绪管理挑战。性别的刻板印象不允许男性有难过、哭泣等显露脆弱的情绪表现，愤怒似乎是唯一符合男性传统性别角色的情绪。但是，总有一天呵斥孩子的手段会变得不管用，父亲能体会到的只有无力感。更可怕的是，这种负面情绪和浅层的亲子关系会代际相传，孩子不仅同样会感到失落无助，而且将来还很可能会用相同的方式对待自己的孩子。

父亲与孩子相处时容易出现两个极端：一个是理性心过剩导致的充满说教、灌输大道理和浅层交流的极端，另一个则是情绪心过剩导致的用呵斥和吼骂逃避自己失落、无助、感到丢脸等情绪的极端。那么，辩证行为养育法能如何融合这两个极端，既让亲子关系亲密、融洽，又让父亲有效地教育子女，运用辩证统一的智慧心呢？

参与不是浅尝辄止地被动列席

我们还是要回归正念的概念，并了解正念的另一个侧重点：参与。

参与指完全投入某个活动，这也是正念的终极目标：完全参与当下。在辩证行为疗法中，用来解释参与的英文原文是 throw yourself into something，中文翻译是"投身于某事"，或"一心扑在某事上"，而当我看到这个英文表述时，头脑里浮现的是一个很形象的画面——儿童乐园里的海洋球池，或放满海绵块的儿童游乐池。

参与不是浅尝辄止地被动列席。Throw yourself into……就是把自己扔进海绵池里，也是带着觉察全然进入生命。以我的经验，把自己扔进这样的池子后，行走移动并不容易，但如果学会享受它的话，也很好玩。参与教我们放下权威感、放下逃避的动作，不要去在意因为缺少经验而造成的手足无措、无所适从和略显笨拙。毫无保留地把自己扔进孩子的玩耍、学习和生活中，让全部的自己参与其中。正确的参与会给人带来强烈的愉悦感、享受感、掌控感和流动感，即以这些感觉为特征的"高峰体验"。在这种体验中，没有无聊和乏味，只有轻松自在，像在翩翩起舞一样，感觉毫不费力。

你一定体验过，全然沉浸在某个活动中，比如某项运动、某个爱好，或是沉浸在学习、工作中时，那种最大的幸福感，甚至是惊喜感。这种时候就是你在体验正念中的参与。

参与就是把自己融入正在做的事，这样就不会觉得自己和事情是分离的，也不会觉得自己和家庭是分开的。参与育儿，就是临

在 [①] 孩子的生活之中，不错过参与他们生命的机会。要对孩子心怀关怀与爱，就需要我们的临在。

我目睹过的最让我受触动的一幕父子互动场景，主人公是我的导师和他的儿子。那天导师已经知道，他 12 岁的儿子没提前跟他说就用了他钱包里的钱。但他没对儿子说"你怎么偷钱？""我怎么养了你这么个 ××！""你是不是欠揍？""你能不能懂点儿事？"这样的话，而是平静地对孩子说："你从我的钱包里拿钱，没跟我说，这让我很失望和吃惊。你需要用钱的话，要来向我要，不能自己拿。"

这段简短的交流里，含有我们之前讨论过的所有正念技巧。

有对事实的观察和描述：你从我的钱包里拿钱，没跟我说。

有对情绪的觉察和描述：这让我很失望和吃惊。

还有清晰的行为界限：你需要用钱的话，要来向我要，不能自己拿。

而且，其中没有类似"你怎么变成了一个偷钱的坏孩子？"这样的评判话。

他的教育方式毫不武断，举重若轻，却很有效。他也用行动告诉了孩子，什么是人格平等的真诚交流，以及如何做到"既不发脾

---

① "临在"指有觉察力地全然处在当下，专注于当下所做的事情。——编者注

气也不纵容"这一组辩证的行为。

作家林清玄说，每一次把茶端起来的时候，他都会先升起一个念头：好好地喝这杯茶吧！因为这辈子不可能喝到两杯一模一样的茶。这样，你就会觉得这杯茶真好喝，因为你整个身心融入了那一刻，临在了那个当下。

同理，我们和孩子相处的每一个瞬间，又何尝不是唯一、独特、不可复制的呢？这辈子不可能经历一模一样的相处呀！

用"参与"的心态进行育儿，你会发现，父亲这个角色可以不局限于单调的赚钱养家，可以非常丰富有趣。它可以是和孩子一起逗逗宠物，也可以是为孩子养一盆花；可以给孩子做个玩具，也可以陪孩子看一本书；可以找一面墙和孩子一起写写画画，也可以和孩子一块儿听孩子喜欢的流行音乐，一起唱唱跳跳；可以和孩子一起打球、运动，也可以让孩子参与你手头的事情，无论是做饭、刷碗，还是漆墙、修房子；更可以去倾听孩子失落的心情，不说教也不过度保护，只是倾听，也许还会偶尔瞎出出主意。

所谓正念，是不悲过去，不贪未来，心系当下，由此安详。父爱的伟大在于每一个当下，在于陪伴孩子的点滴之中，在于父亲对孩子的情感本身，而不在于孩子对父亲的仰望。人格完整的父亲也不需要被仰望。有效育儿需要父亲去主动地解构父权，能不能放下父权的威严是对父亲最大的考验，真正接纳自己的父亲不需要父权这种"外在的特权"来包裹自己。因为他敢于面对内心，即使对自己最自卑的角落也能坦然而平静地接纳。拥有这种来自内心的力量，才能做到既建立强有力的亲子关系、不吝啬给予孩子情感支持，又能尊重孩子的独立人格、接受也允许孩子自在地长大，看到孩子成长远行也不失落。而这一切的基础是父亲本身理智与情感兼备，圆融平和，有辩证的智慧。

感谢我的爱人——癫痫医生和神经科学家王煜——看到了前文提到的小鼠试验那篇文章并分享给我，为我创作这一节内容带来了最初的灵感。更感谢他一直实践着全然临在于夫妻关系和亲子关系中，毫无保留地进行参与，无数次地对我们的孩子进行"幼崽取回"行为。他让我们的儿子嘟嘟能充分感受到父亲的关爱，有机会成长为心里有阳光，能理解、体恤别人的男孩子，也让我们的女儿娜娜感受到男性角色在关系中的更多可能，理解什么是高质量的、来自异性的、不带索求性的爱。他对于帮助娜娜跳出传统女性角色、不把自己的价值只建立在女性魅力上，有不可估量和不可替代的作用。

父爱不仅可以如山，而且也可以如花、如水、如泥。辩证的智慧让我们放下刻板僵硬的极端，放下"父爱只能如山"的单调与单薄，帮助我们拥抱人类情感本身的丰满、立体、厚重。在这样的亲子关系里，孩子的内心不会在焦虑和狂傲的两极之间摇摆，不会盲目崇拜名利和成就，也不会屈从于权威。孩子会成长为懂得从内心深处尊重人格，同时具备辩证智慧的人。这一切都始于父亲是否有勇气"把自己扔进海绵池子里"，全然地参与育儿。希望每一位父亲都能把抚育子女作为一个契机，去审视自己、感受自我成长，在父亲这个角色中体会无尽的满足、幸福和快乐。

思考与练习 | 父亲的参与技巧

1. 在生活中，有你不敢做，但却应该做的事吗？或者，有应该全情投入，但你却有所保留的事吗？你能想象如把自己扔进海绵池子一般，让自己投入这件事心无旁骛吗？如果这样做，你的做法会有何不同？结果又会有何不同？现在就照着你想象中的样子全情参与吧！

2. 以父亲身份更多地参与育儿，除了正念参与技巧，还有什么技巧能够帮到你？

3. 如果你是一位女性、一位母亲，正念参与这一技巧如何在育儿过程中帮助你？

第 4 节

爱孩子，请先好好爱自己

——慈爱之心与自我关爱练习

对不起，请原谅，谢谢你，我爱你

我曾读过一篇散文，文字空灵、情感纯净，非常让人感动。作者说，感受幸福，只需要一瞬间——就在心念一转，心被爱填满的一瞬间。而创造这样的瞬间，也非常简单，只需要四句话：对不起，请原谅，谢谢你，我爱你。

在经历不愉快的关系时，我们的心是坚硬的，坚硬的心承载不了爱和幸福。而这四句话，以递进的形式，让人一点儿一点儿变得柔软，让爱和幸福可以进驻我们的灵魂中。

在我们重视的一切关系里，比如夫妻关系、亲子关系、家人关系、朋友关系，一切不愉快，都可以用这四句话轻松化解。

比如，跟母亲闹了别扭，可以对她说：

对不起，妈妈，我那样发脾气一定让你非常伤心，请你原谅；谢谢你，我看得见你的倾尽所有、你的呕心沥血；我爱你，我要陪你体会岁月静好、平安顺遂的余生。

陪孩子写作业时发了脾气，可以对他说：

对不起，宝贝，妈妈刚才那么凶，把你吓到了，请你原谅；谢谢你一直都很努力，也谢谢你还是这么信任我，还是希望有妈妈陪伴；我爱你，一定会努力以最好的自己守护在你身边。

和伴侣吵了架，可以对他说：

对不起，亲爱的，我那么做不够智慧，也不够尊重你，请你原谅；谢谢你尽自己所能地协助我，你的包容我都看得见；我爱你，我全部的温柔都属于你。

朋友向你倾诉，你却无法共情，还说了伤害她的话，你可以对她说：

对不起，我说了好多不合时宜的话，没能安慰你、给你需要的理解，请你原谅；谢谢你信任我，愿意向我倾诉；我爱你，真心希望你能早点走出困境，日子越过越好。

辩证行为疗法的创始人玛莎·M.莱恩汉在《DBT情绪调节手册》里阐述过，对别人的愤怒、不满、敌意和不耐烦，不仅让人痛苦，而且具有心理腐蚀性。它们甚至会在生理层面对我们造成冲击，比如让我们血压升高，心跳加快。

在育儿过程中，无论孩子做了什么或没做什么，我们总是有很多担心。面对行事谨慎的孩子，我们会担心他是不是不够勇敢，不能承担风险；当他终于表现得活泼、调皮时，我们又担心他会不会太莽撞，不知道危险。面对性格倔强的女孩，我们担心她会不会太自私霸道；而她很乖很听话，我们又担心她能否表达自己，担心她被坏人欺负。孩子吃得少一点儿，我们担心他营养不良，影响发育；吃得多一点儿，我们又担心他撑坏肚子，变成肥胖儿童。这么多的焦虑，只会让我们感到不足，觉得自己做得不够好。育儿本来就是一件很有挑战性的事情，而我们又常常是自己最严厉的批评者，这只会让育儿任务变得更加困难。但所幸，我们并不孤独，我们的这些想法既常见又正常。

"慈爱"和"自我关爱"练习

从"对不起，请原谅，谢谢你，我爱你"这四句有魔法的话延伸出去，我们来看一看辩证行为养育中的"慈爱"和"自我关爱"练习。充满关心和温柔的爱意是负面情绪的解药。无论是与自己还是与孩子，在一切关系中，我们都需要练习慈爱。它是正念的一种形式，通过反复默念或诵读积极正向的话，来建立同情、关爱之心，让我们从痛苦、腐蚀性、攻击性的体验中跳出来。慈爱和自我关爱能降低自我否定的程度，也可以改善关系。

什么是慈爱？

慈爱也是一种慈悲。慈，就是希望自己或别人得到快乐；悲，就是不愿意自己或别人受苦。我们每个人都有慈爱心。比如，看到一只可爱的小猫，我们就想摸摸它、亲近它；如果它受伤了，我们的心大概也会颤一下，希望能做点什么来缓解它的痛苦。这就是慈爱心——不希望对方痛苦，希望他快乐、平安、健康。我们把刚出生的、软软的宝宝抱在怀里的时候，大概都体验过慈爱心。慈爱练习就可以帮助我们找回这样的初心。

怎样进行慈爱练习？

慈爱练习就是从心里对自己或别人传达温暖的祝福和问候。温暖的祝福可以给自己，可以给孩子，也可以给我们认识或不认识的人，甚至可以给无处不在的所有人。祝福可以包含任何正面积极的结果，比如幸福、安全、健康、满足、爱，等等。想着我们传达祝福的对象，让他们的形象在脑海里清晰地显现，然后用真诚的态度默念祝福语。

如果你现在与孩子的关系很紧张，一想起孩子就有情绪波动或伤痛的感觉，你可以从关爱自己、为自己祝福开始。把你喜欢和心疼一只小猫的感觉转向自己，对自己微笑，轻轻地向自己祝福。慈爱练习的祝福语有各种版本，我们也可以自行对它进行调整，最基础的版本包括以下四句祝福语。

第一句：愿我自己平安。

想象一个更有爱心、更温和的自己在祝福此刻的自己，或者如同孩子一般的自己。

第二句：愿我平静喜悦。

把这种爱心展开，展开到很大很大，完全笼罩住自己。

第三句：愿我健康自在。

想象自己健康有活力的样子，对自己快乐地微笑。

第四句：愿我快乐通达。

想象自己成为一个快乐的人，在生活中处处通达。

如果把自己作为慈爱练习的对象有困难，还可以从那些让你感到温暖的人开始练习。比如，朋友生病时，我们想为他做点儿什么。再比如，我们自己生病时，家人给我们的照顾。这里面都蕴含着丰富的慈爱心。等找到了感觉，你可以再把自己和孩子作为慈爱练习的对象。把你体会到的爱转向这个对象，然后对他微笑，轻轻地向他祝福。

愿你平安。

愿你平静喜悦。

愿你健康自在。

愿你快乐通达。

练习时，如果有不符合慈爱心的想法出现，也没有关系，注意它、放掉它，然后再继续我们的练习就可以了。要记得，正念练习的目的不是集中注意力，不走神、不出错，而是觉察我们的思绪什么时候被想法、情绪、内心的声音或其他感觉分散了，然后温柔地让思绪回来就可以了。你可以对自己说："我的思绪刚才去散步了，现在要回到我慈爱心的家了"。将评判性、批评性的想法放掉，将完美主义也放掉。

慈爱练习和"对不起，请原谅，谢谢你，我爱你"都在告诉我们，需要和解的对象，不在外部世界，而是我们自己。我们需要对自己说：

"对不起，我之前一直在厌恶你，对你不满，觉得你不够好，请你原谅；谢谢你忍受如此苛刻，甚至有时尖酸的我，也谢谢你不离不弃，一直在等我觉醒；我爱你，我要用全然接纳代替挑剔，用完全的爱守护你。"

研究证明，每天进行慈爱练习能让人更多地感受到爱意、愉悦、感恩、满足、希望、自豪、兴奋、快乐和敬仰等积极的情绪。神经成像学也提示，慈爱练习能提高大脑区域中负责情绪处理和共情部分的活跃度。当然，毋庸置疑的是，慈爱练习也可以提升自我接纳程度，并改善包括亲子关系在内的人际关系。

我的建议是，在把我们的孩子作为慈爱练习的对象之前，一定要先练习自我关爱。一个人在不能爱和接纳自己的时候，也很难去爱和接纳别人。自我关爱教我们全然地接纳自己，这本身也是寻找更好的自己的过程，二者并不矛盾。对孩子慈爱，是全然地接纳孩子及自己和他的关系，同时，孩子和你与他的关系都在向更好的方向发展，这二者也不矛盾。基于现有的知识和技能，我们已经做到了自己能做到的最好，不用懊恼，也无须自责。同时，我们还可以继续学习新的知识和技能，在未来做得更好。这两者都是事实，也都是对的，它们也是一组辩证。

辩证思维告诉我们，要避免"但是""可是"这样的词，因为这种转折词，让人感觉后半句把前面半句否定了，所以前面不重要，后面才是重点。比如，"我已经做得足够好了，但还可以更好"，这句话给人的感觉往往是"那不就是不够好吗？"你是对的，我就是错的；后半句是对的，前半句就是错的——这种思维就已经脱离了辩证。在辩证思维里，我们要习惯用"和""并且""同时""什么和什么都对"等表达。

慈爱看似柔弱，但它关乎回归本心、回归自然运转的规律，所以蕴含着强大的力量。水看起来是至柔之物，但它却能滴穿岩石，甚至改变地貌。好的教育就像水一样，与万物无争，却滋养万物；没有耳提面命，却在各种事物中渗透力量。这就是辩证蕴含的力量。

1. 回想最近一次你所经历的人际矛盾，试着用"对不起，请原谅，谢谢你，我爱你"帮你化解这个矛盾。

2. 在经历育儿过程中的困难，忍不住发脾气时，可以用自我关爱练习代替内疚和对自己的苛责。体会和比较一下，用慈爱之心，和用苛责愧疚之心对待自己的过失，哪一种能帮助你做得更好？

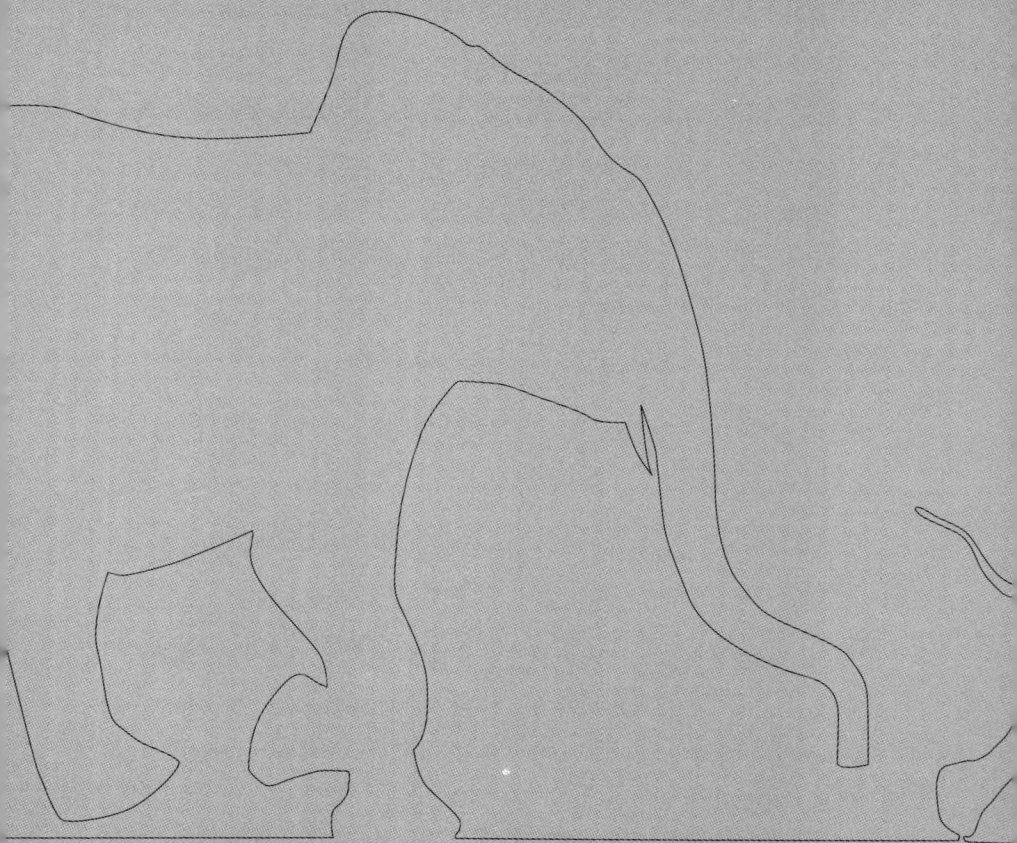

生活经常不符合我们的期待，无论是对孩子还是对我们来说，压倒性的、几乎让人无法忍受的负面情绪都是不可规避的一种体验。在辩证行为疗法中，我们把这种体验叫作危机。危机是高压力的情景，常常让人觉得喘不过气，不能集中精力去完成任务，而且，如果处理不好，还可能造成严重的负面结果。危机有紧急的性质，解决它们才有和谐的家庭氛围，才能有效地育儿。这一章我们会探讨如何帮助孩子化解对考试的紧张、对登台表演的焦虑、强烈的恐慌感，以及极度痛苦的绝望等情绪，让孩子学会利用人的五种感官等方法度过危机，以确保事情至少不会变得更糟。

第三章

应对危机

你目前的情况并不能决定你去哪里；
它们只能决定你从哪里开始。

——尼多·奎因

第 1 节

孩子一考试就紧张怎么办

——正念涂鸦

考试是几乎每个人的成长都绕不开的经历。在考试前和考试中感到紧张虽说很常见，但过于紧张不仅影响学习效率，也影响临场发挥，所以也可以算作一种危机。考试也是"表演"的一种，走进考场前的紧张，是对于自己需要做出的"表演"产生恐慌的一种情况。它不仅在中小学生中，而且在大学生和成年人中也很常见。登台、表演、演讲的紧张也和考试紧张类似，属于同一个类别。

怎样帮助孩子应对考试焦虑

在这一节中，借着一位 16 岁女孩瑶瑶的咨询案例，我们来讲一讲怎样帮助孩子应对考试焦虑。

瑶瑶每次考试都紧张到手脚发软、大脑空白，即使做了充分的准备，也可能在考试时什么都想不起来，非常影响发挥。明年她就要考大学了，这种情况让她和父母都非常担忧。

在咨询室里，我问她：你下次考试是什么时候？

瑶瑶：下周二有数学考试。

　　我：你现在想象一下，那是下周二的第几节课，你会坐在哪个教室里的什么位置，哪位老师会以怎样的方式拿着试卷走进教室？她会怎样发放试卷？你能想象和预估那个时候的场景吗？越详细越好。

瑶瑶：我能想象所有的细节。

　　我：想象这些会让你感到不安吗？

瑶瑶：非常不安。

　　我：所以你现在正在体会考试时的那种恐慌，对吗？

瑶瑶：对，一模一样。但毕竟现在没在考试，紧张程度会小一点儿。

　　我：很好，现在你把所有的注意力转向自己的身体反应。你紧张的时候，身体会出现什么样的感觉？

瑶瑶：心跳加快、头重脚轻、手心冒汗，手还有点抖，可能拿笔都拿不住，可能写字都是抖的。

　　我：还有吗？

瑶瑶：胃里像拧在一起一样，很不舒服。

我：很好，你的这些觉察都特别好，现在请你用这支铅笔在
　　这张纸上把你的紧张、焦虑、恐慌都画出来。

瑶瑶：我不太会画画。

我：你不需要擅长画画，紧张是能感受到但看不到的，画
　　画只是提供一种可能，让这种抽象的感觉变成具体的
　　形象。

瑶瑶：那我试试。

于是瑶瑶画了这幅画（见图 3-1）。

图 3-1　瑶瑶用涂鸦表现紧张的感受

我：你能给我讲讲你画了什么吗？

瑶瑶：我感觉自己在一个装满水的瓶子里。我的脚几乎碰不到底，我的鼻子和嘴勉强能露出水面，我想出去，可是借不到力，如果水再多一点儿，我觉得我就要淹死了。

我：这真是一个困境，你被困在了一个危险、痛苦，但又出不去的地方。谢谢你的这幅画，我感觉我能更直观地感受到你的恐慌了。你画完这幅画有什么感受？

瑶瑶：很神奇，有一种释放感，我觉得好了一些。好像把它画出来，心里的水位就降低了，我的胃也舒展了一些，不再那么拧在一起。这是为什么呢？

我：情绪在我们心里和头脑里的时候，离我们很近，几乎和我们融为一体。把它具象化地画出来，它就和我们产生了距离，我们受到的影响就会降低。我觉得我们需要进一步降低它的影响。你用一个旁观者的角度去看这个女孩，你觉得她需要什么？

瑶瑶：需要有人帮她把瓶子打破，然后帮助她从瓶子里爬出来。

我：那你帮她打破吧，你能画一下瓶子是怎么被打破的吗？

于是瑶瑶在刚才的画上加了一块石头，它打破了瓶子，水流了出来（见图 3-2）。

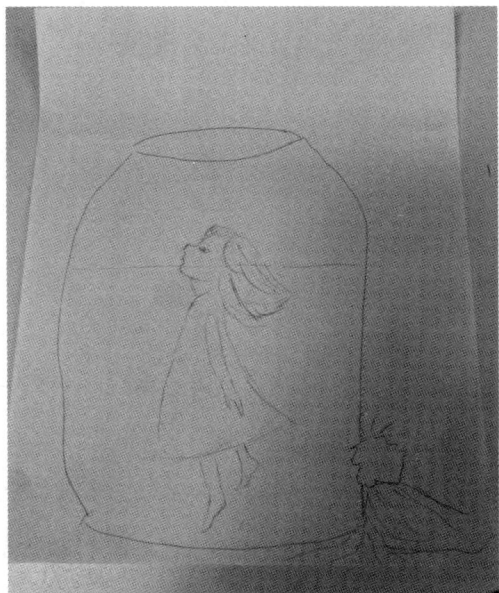

图 3-2　瑶瑶用涂鸦描绘克服紧张的经历

我：什么东西能帮助她从瓶子里爬出来呢？梯子吗？

瑶瑶：不需要，我改主意了，我要用这块石头把瓶子从里面打破，我就可以走出来了。

我：这对你意味着什么？

瑶瑶：我重新找回了勇气，我不需要别人递给我梯子、绳子或别的什么，只是一个玻璃瓶子而已，它困不住我。

我：你真棒！在考试这个情境中，什么东西可以充当这块石头呢？

瑶瑶：我的不在乎。心跳快就快吧，手心冒汗就冒吧，紧张就紧张吧。我还是我，我会的知识也还是我会的知识。

我：你越担心大脑会空白，就越考不好，你接受它现在就是空白的，你会的东西反而能慢慢流向你。我看到一种勇气，你不害怕情绪，敢于直面它、超越它，又美又有力量，让我很感动。

这一节，我们用到了辩证行为养育中的"提前应对"这一技巧。提前应对就是想象那个难以应对的情况，比如参加考试。然后，不仅要提前计划、学习、备考，而且还要想象自己已经在那个情境里了，并且在想象中有效地应对情绪反应。这种想象不是从外面观察这个情境，而是一定要让自己处于那个情境当中，而且现在这一刻它就在发生。尽量体会真实、充满细节的想象。并且，也要想象自己使用方法去应对它，把它克服掉和超越掉，在想象中把这个过程完整地经历一遍。对于严重的恐慌和焦虑，可能要多次练习，才能把紧张感降低到可控范围内。

提前应对和正念涂鸦

怎样找到克服和超越情绪的勇气呢？我们还使用了"涂鸦"技巧。充分在想象中体验紧张感之后，在让孩子把情绪画出来之前，先问问孩子紧张感是怎么在身体上表现出来的：你的什么体验，如何让你知道你很紧张？这一步千万不要省略。它能让孩子把所有的注意力从外部刺激转向觉察内在的体验，这是对情绪产生自主权的一个过程。

把情绪画下来之后，孩子与紧张感的关系就发生了一个转变。从"受情绪所困"转变成了观察、描述、展现情绪。被困在一个装满水的玻璃瓶子里，人当然会恐慌。这幅画的产生，和对这幅画的解读，都是在认可瑶瑶对环境所产生的情绪反应。一幅外在的、具象的画，也给了瑶瑶作为旁观者去观察自己的一个新视角。在这个过程中，孩子会自然地体会到一种控制感，和因此获得的平静感。释放了她的故事和体验，她就从受情绪控制的一方，转变成了具有调节情绪能力的一方。

瑶瑶的这次绘画不是普通的创作，而是正念绘画，或者叫正念涂鸦，它是正念练习的一种方式。正念涂鸦邀请孩子对某种体验进行积极参与，通过启发他们觉知、观察和接纳自我的能力，强化其内在平衡感、清晰感和心理力量。如果手头有丰富的绘画工具，当然也可以，但正念涂鸦只需要最简单的工具——一种颜色的笔和一张白纸就够了。

正念涂鸦和提前应对技巧的结合使用，让瑶瑶很自然地找到了心里那块可以帮她突破困境的有力的石头。面对孩子考试紧张这样的情绪，我们不能粗暴地呵斥、评判、不理解。"有什么好紧张的？你的心理怎么这么脆弱？你就是没好好复习才紧张吧！"这种回应对孩子没有帮助，只会让情况变得更糟糕。我们要承认紧张是正常的，是普遍的人类体验，是可以理解的。

与此同时，也不能走向另一个极端：因为紧张是对的，所以和孩子一块儿紧张，甚至比孩子还紧张，并且对情绪困扰束手无策。辩证的智慧告诉了我们如何通过正念，通过承认和接纳情绪，实现情绪的宣泄、处理信息、解决问题、不被情绪所困，既温柔又坚定的"第三种可能"。提前应对和正念涂鸦的步骤都很简单，是没有心理学专业背景的家长也可以与孩子尝试的技巧。带着澄明的智慧心引导孩子，孩子就能成为内心澄明、不畏惧紧张、有勇气去打破困境的自己。

练习提前应对和正念涂鸦

1. 你经历过压倒性的、无法忍受的情绪危机吗？请想象当时的情景。什么时候、在哪里，你听到了什么、发生了什么，你想到了什么、感受到了什么情绪？你的身体又有什么感觉？如果再经历一次相同的情景，你会怎么说、怎么做？

2. 你能把身体感受和情绪体验用涂鸦的方式展现出来吗？记录一下练习"提前应对"和"正念涂鸦"的体验和收获。

3. 对于帮助孩子应对考试紧张这一问题，还有什么技巧可以尝试？

学习乐器却不敢登台表演，怎么办

——对情绪正念

　　接着上一节应对考试紧张这一话题，这一节我们讨论一下登台表演的紧张这种类似的情绪危机。我遇到过一位来做心理咨询的母亲。她的儿子 12 岁，名叫小 Q。小 Q 是学校乐队的成员，学的是大提琴，每年都会跟随学校乐队参加开学和年末的表演。虽然拉了很多年大提琴，小 Q 也不排斥平时的练习，但每到表演时，他总是很紧张。这位妈妈说，每次孩子上台前她都要连哄带骗，特别费劲。而这一年，因为一些不可控的原因，小 Q 没有拿到平时拉得最习惯的那把琴，他就真的拒绝登台了。妈妈说："我真是什么招儿都用尽了，最后他不仅没登台，而且还说'我决不登台，你逼我，我就再也不拉琴了'，你说这种情况应该怎么办？"

　　我问妈妈当时都用了什么"招儿"。

　　妈妈：也安慰了，也鼓励了，而且我告诉他，如果登台表演，就给他买他最想要的一款游戏卡。但还是不行，我就急了，我说爷爷奶奶也在台下，专门来看你表演的，当着那么多同学和家长，你临阵脱逃，多丢人呀！而且练了一个暑假，结果不参加表演，不是太可惜了吗？

我：你对他登台表演有很大的期待，对不对？你有什么样的期待？

妈妈：这个暑假他没少练习，我觉得练得真的挺不错了。我希望他有这样一个机会做展示，也是给他自己一个交代。我也希望他能克服登台表演的恐惧，这对他来说也是一个突破。

我：所以你希望他有一个能发挥出平时练习水平的、比较完美的表演，让爷爷奶奶、老师同学和他自己看到、感受到。他不登台，这些就都实现不了，那一刻你就着急了，对吗？

妈妈：是的。

我：你发现了吗，你们在一个死循环里。你越催他登台，他越感受到你的期待，就越紧张、担心出错，而他越不敢登台，你越催他。

妈妈：那我应该怎么做呢？

我：闭环是一个圈，只要能在这个圈上的任何一点开一个口，闭环就消解了。而你能控制的只有你自己在这个圈里扮演的角色，你要放掉对于他上不登台的纠结。

妈妈（很抵触）：……这怎么说？我告诉他不登台也没关系，那不是教他放弃吗？

我：所以你的逻辑里有两个极端。要求他登台，会引起他强烈的抵抗；允许他不登台就是纵容，就是放弃。还有第三种可能吗？

妈妈（很茫然）：……还能有什么可能？

我：执着于登台和完美表演这些结果，这是我们家长自己的虚荣心。带着这种虚荣心，我们给孩子的所谓安慰也只能是"别紧张，没事的，你可以"。这种安慰，孩子一听就知道，你只是在推进自己的目的，并不是真正关心他的感受。你的所谓鼓励，也就是买游戏，其实是对孩子的一种贿赂。贿赂也没用的时候，你说他临阵脱逃，让他背负负罪感和羞耻感。而孩子需要的，始终只是你能看到和理解他紧张到快崩溃的心情而已。你"什么招儿都用尽了"，唯独没用到最管用的办法，这"第三种可能"就是，看见孩子的情绪。

妈妈：我知道他紧张，这不算看见他的情绪吗？

我：你虽然知道，但你想的是"我不喜欢你的紧张，我希望你的所有紧张马上消失！"这不是看见。

妈妈：那怎样才算看见？

我：你可以问问他，他拉得最顺的那把琴，如何让他觉得称手。练习的过程中有没有体验过自己和琴达到了和谐共鸣的状态？那种感觉是什么样的？在手边这把琴上有没有可能达到这种感觉？他担心什么？担心的事情发生了又会怎样？有没有可能，即使最担心的事情发生了，也没什么大不了，他也可以随它去呢？

妈妈：我当时头脑里想了很多，要想到你说的这些，太难了。

我：想了很多都包括什么？

妈妈：是的，有你说的虚荣心、要面子。现场有很多我认识的家长，他们问起来怎么没在台上看到小Q，我会觉得很没面子。而且我怕小Q养成临阵脱逃的习惯，担心他以后表演总是这么紧张，不能克服，担心爷爷奶奶看不到他的表演很遗憾。

我：所以你的情绪有焦虑、失控、害怕、紧张、失望、惭愧？

妈妈：是的，而且表演马上要开始的时候，我有紧迫感，这些情绪让我感到无助、烦躁和愤怒。

我：所有这些都是正常的，问题在于，你不喜欢自己的这些情绪，为了逃避这些情绪，你拼命让小Q登台，只要他完成了你想象中的表演，这些情绪就会消失。你寻找的是自己的解脱。

妈妈：是呀，不然我还能做什么呢？

我：你以逼小 Q 登台的方式逃避自己的焦虑，小 Q 就以拒绝登台的方式逃避他的紧张。如果你能允许情绪出现，不逃避躲闪，也不被焦虑左右，小 Q 就能感受到你对结果的松弛，就更能直面自己的紧张，他也就会更愿意登台。

妈妈：怎样才能不被焦虑左右呢？

我：你可以把自己想象成一条隧道，所有的情绪，焦虑、失控，都是可以从隧道中通过的一种气体。你不是你的情绪，你不必按情绪行动。跳出"要么要求他登台，要么不要求他登台"这种两极思维。"第三种可能"是询问他的体验、感受，帮助他一起观察、描述、正念接纳他的内心。既不强求什么，但也不放任。运用这种辩证思维，我们能照顾到很多更重要的事情，比如，对学习过程的关注，对音乐兴趣的探索，对情绪的了解，在一件事情上，身、心、灵全面投入这种体验，都比参不参加这次表演更重要。所谓不要放弃，也不是用语言说教就能教会的。只有先和自己的情绪和平共存，才能与内心喜欢拉琴、想要表演的愿望连接。这些都得是来自孩子自己的愿望，不是我们能直接强加和灌输给他的。我们能做的只是，帮助他厘清和疏通情绪的干扰，让他有机会跟内心本来就存在的愿望连接起来。

这一节我们用到的是辩证行为养育法中的"对情绪正念"这一技巧。

在第二章第1节中，我们讨论过正念中的观察、描述、不评判三个技巧。而对情绪正念就是观察、描述，以及允许情绪的存在。这说起来容易，但当我们感到紧张、羞愧，或者着急的时候，我们有逃离这些痛苦体验的人类本能。不评判、不阻挡、不抑制，甚至不转移和分散这些痛苦体验，需要练习才能做到。

"对情绪正念"就是教我们把自己暴露给情绪。这需要我们勇敢地走进孩子和自己的不适：孩子具体的担心是什么？他最糟糕的噩梦是什么样的？我们最担心的又是什么？我们自己最糟糕的噩梦又是什么样的？迈出这一步，你会发现，我们反而不受情绪支配了，原来没有必要逃避或害怕它们。对情绪的观察和正念，是通往精神和情绪的自由之路！

很多人认为我们需要时刻控制住情绪，这么想很容易被自己的这条"规定"控制住。越想控制自己的焦虑，我们越焦虑；越想控制孩子的紧张，他们越紧张。还有人认为自己不能承受任何痛苦的情绪，如果不逃避的话，就会掉进深渊然后"死掉"，所以孩子不登台是丢人的、无法忍受的、必须避免的。但越这么做，越事与愿违。辩证行为养育法告诉我们，这些都是在远离自由。

智慧和自由需要我们跟着情绪自然流动，却不被它控制。"是的，我很紧张，没关系，我可以尽情地紧张。""是的，我很怕丢人，没关系，我可以不受约束地经历这个害怕。"当我们对焦虑不否认，也不抵抗时，它就开始以它自己的速度降低和减少了。情绪不能用蛮力强硬地赶走，但可以通过自我成长，优雅地摆脱。

美国临床心理咨询师莎法丽·萨巴瑞（Shefali Tsabary）所著的《家庭的觉醒》（*The Awakened Family*）一书中提到，我们嘴上说的是要教给孩子不要害怕，要投入全部的努力去做好一件事。但我们对表演、结果、成绩、成就的执念，却在制造孩子的恐惧。他们只要感受到我们在乎的不是他们的努力，而是成功，他们就会逃离。这不是因为他们懒，而是因为他们对失败很焦虑。这种焦虑让他们没法尽最大的努力做最好的自己。

同时，跳出对结果的执念，也不是对孩子完全没有要求，那是走向另一个极端。不一味强求孩子按照我们的期待去表演，也不一味纵容孩子逃避自己的紧张情绪。既看见、承认、肯定、接纳孩子的困境，也相信他们能创造性地面对和解决问题。辩证行为养育法再次向我们强调了温柔而坚定的辩证智慧。在这个过程中，孩子才有机会学习忍耐和承受自己的恐惧和焦虑。允许它们顺其自然地发生，才能帮助孩子更好地了解和管理自己的内心世界。

如果儿童在成长早期就能得到这样的机会，他们就能把诸如紧张、害怕这样的情绪与自己整合统一起来，找到与情绪和谐相处的办法，发展出属于他们自己的智慧心。原本用来压抑和逃避紧张、害怕的能量，就能被节省下来，用来寻找创造性的解决办法。借助辩证行为疗法的"对情绪正念"这一技巧，就能帮助孩子实现这一目标。

练习对情绪正念

1. 在第二章第 3 节中，我们讲了正念中的"参与"技巧，请思考一下如何以参与的心态对情绪进行正念？如何把自己扔进"对情绪正念"的"海绵池子"里？作为父亲或母亲，你觉得对情绪进行正念容易做到吗？你的成长经历允许你走进自己和别人的情绪吗？你如何打破某种戒条和规训？

2. 你上一次经历育儿冲突是什么时候？发生了什么？请想象自己使用"对情绪正念"这一技巧，你会说什么、做什么？

3. 请在智慧心、正念观察、描述、不评判、全然接纳、慈爱之心、提前应对、正念涂鸦这些技巧当中选择一个，在"孩子不肯登台表演"或其他案例中进行练习。

第 3 节

惊恐发作的应对技巧

——水氧呼吸放松法

在前面两节中我们讨论了如何帮助孩子应对登台表演、参加考试等事件造成的紧张感。这样的紧张，虽然可能很强烈，但一般都是正常的。如果强烈的紧张感频繁出现，甚至在没有明显诱因的情况下反复出现，就要警惕一种叫作"恐慌症"的心理障碍。恐慌症也叫惊恐发作（panic attacks），是突然而来并反复发作的极度恐惧。一般伴随的症状包括胸口痛、心跳骤然加速、呼吸急促、眩晕、出汗、胃部不适、手脚发麻、颤抖，甚至有不确定自己的生命是否会停止的濒死感。恐慌症主要在青春期晚期开始出现。可以想见，这对包括即将参加高考的考生在内的青少年可能造成多么大的困扰。

水氧呼吸放松法

在这一节中，我们继续讨论紧张感这个话题，并扩展讨论一些更具体、见效更快的对极端情绪的应对方法。它们可以运用于孩子在考试前、表演前的一般性紧张，也可以辅助恐慌症等心理障碍的治疗。当然，家长更可以运用在自己身上，调节自身容易被孩子触发的情绪。情绪反应特别激烈的时候，我们学习过的绝大部分技巧可能都用不出来。这一节介绍的四种方法能帮我们迅速摆脱应激状态，找回一些我们所需要的理智。这也能帮我们减少与孩子的无效沟通，以及打骂等无效的教育手段，为良好的家庭育儿打基础。这四种方法分别是：

1. 冷**水**改变体温法；

2. 剧烈有**氧**运动法；

3. 放慢**呼吸**法；

4. 配对式肌肉**放松**法。

这四种方法又被统称为 TIP 技巧。TIP，是英文单词首字母缩写。其中 T 代表 Tip the temperature using cold water（冷水改变体温法），I 代表 Intensive aerobic exercise（剧烈有氧运动法），P 代表 Paced breathing（放慢呼吸法）和 Paired muscle relaxation（配对式肌肉放松法）。用类似的办法，我也对中文名称进行了提炼，将上面画线加黑的字进行组合，把 TIP 技巧翻译为"水氧呼吸放松法"。在下面的讲述中，TIP 技巧和水氧呼吸放松法会被当作同义词使用。

这四种方法都是通过改变身体的化学反应来缓解过于激烈的情

绪，比如类似压倒性的淹没感这种体验，用 TIP 技巧来缓解见效非常快，一般几秒钟到几分钟就能迅速安抚过激情绪，而且使用起来很简单，不需要太多思考。其中一些方法，比如调节呼吸，不受场合限制，随时都可以使用，周围人几乎不会察觉。

人的自主神经系统由两个部分组成——交感神经系统和副交感神经系统。这两个系统很神奇，它们永远都在"向完全相反的方向紧密合作"。我认为这是大自然在我们身体上运用的辩证。交感神经系统负责启动"逃跑或战斗"模式，也就是说，它负责增加唤醒和激起情绪反应。副交感神经系统负责情绪调节，也就是降低情绪反应。情绪过于激动时，大概就是交感神经系统工作得过于努力，需要我们进行人为干预，让这两个系统重新达到辩证统一。TIP 的每一个技巧都是通过提高副交感神经系统的活跃度、降低交感神经系统的活跃度来实现情绪调节的。

1. 水：冷**水**改变体温法

第一个技巧是用冷水或冰袋降低脸部的温度，同时屏住呼吸。使用这个技巧时，最好采用站立位，然后弯腰，好像在进行一个90 度的鞠躬，用冰袋或凉毛巾捂住脸，尤其是眼睛和眼睛周围的皮肤，同时憋气。憋气时长以自己能承受为准，一般不超过 30 秒。这个姿势会启动人的"跳水反射"，也就是启动副交感神经系统。

这个技巧在四个方法里起效最快，基本上立刻就能大幅缓和生理和情绪反应。

如果有淋浴条件的话，建议恐慌症发作时尝试一次冲凉水澡。凉水从头到脚淋下来时，人的身体会因为温度变化激烈地打冷战。这个过程能迅速并大量地释放交感神经系统聚集的能量，让人把产生焦虑、恐慌的身体能量都释放了，也就自然不再感到紧张了。这是把"降低脸部温度"这一技巧使用到极致的一个变异方法。对有经常性紧张问题的孩子来说，可以考虑有至少一次这样的尝试。这能让孩子切实体会到，紧张感是由身体变化引起的，而改变身体能量，就能控制紧张感。

当然，我们也知道，冲凉水澡并不是什么时候都能做到的。有时候一盆冷水，尤其是加了冰块的冷水，也能产生同样的效果。把冷水泼在脸上，或者将整个脸浸在冷水盆里，同时屏住呼吸，也可以达到很好的效果。我们在做这个动作时会采用自然站立并弯腰的姿势，这个姿势能大幅增加这个技巧的效果。但要注意，脸浸在水里的时间不宜过长，以没有疼痛感和不适感为准。

有时候可能一盆冷水也不便利得到。那么，可以对着水龙头洗把冷水脸，或者准备一个冰袋或冷冻过的湿毛巾敷脸。你可以根据情况，为自己或孩子寻找最适合的方法。不要忘了尽量采用站立位，配合弯腰和屏住呼吸这些小细节。

最后要强调一下，用冷水改变温度这个方法，虽然见效特别快，但效果持续也特别短暂。稍不注意，失控的情绪可能又会马上回来。所以 TIP 技巧一般都需要配合其他技巧一起使用。在情绪得到一定控制之后，要迅速接上一些效果更持久的技巧，比如相反行动（见第四章第 2 节），全然接纳（见第二章第 2 节），智慧心（见第一章）等。（有心脏疾病的人需咨询医生并慎用这一方法。）

2. 剧烈有**氧**运动法

第二个 TIP 技巧是进行剧烈的有氧运动，并持续至少 20 分钟。人的心率保持在适合自己年龄的极限心率的 70% 时，焦虑感会显著降低，正面情绪会显著增加并大幅延长。极限心率最简单的计算方法是用 220 减去个人的年龄。步行、慢跑、爬山、游泳、骑单车、跳健身操、做瑜伽等都是很好的有氧运动。

最有利于调节情绪的心率 =（220 - 年龄）×70%

情绪最主要的一个功能就是管理身体，并为行动做准备。比如，愤怒指挥身体进行防御或攻击，恐惧让身体准备好随时逃跑。所以，在身体极度亢奋时，即使我们的理智知道这个情绪没必要，我们也很难抑制情绪感受。比如，心跳很快时，即使你努力告诉自己应该平静，你也很难感到平静。在这种时候，剧烈运动就能很有效地把身体调节到一个不那么情绪化的状态。

有氧运动适合在焦躁不安、有愤怒情绪，或者无法停止一直想一件事情时使用。早上起床之后进行 20 分钟的有氧运动也可以显著增加一天的活力，并保持一天的好心情。

3. 放慢**呼吸**法

第三个技巧是有节奏地放慢呼吸。人在紧张的时候，呼吸自然会加快和变浅，我们吸入的氧气反而变少了，而人在缺氧状态下又会感到更加紧张。所以，我们要引导自己或孩子有意放慢呼吸、做深呼吸。使用这个技巧时，要想象吸气时不只是把气吸进鼻子或肺里而已，而是深深地吸进腹部。吸气用鼻子，呼气用嘴，做一个字母 O 的口型，长长地呼出，想象自己正在清空身体里所有的废气。呼气永远要比吸气时间长一点点。要保证把所有的废气都排掉了，这样我们的身体才有空间接纳新的空气。

刚接触这个练习时，可以从吸气 4 秒、呼气 5 秒开始，这是大部分人一般都能接受的，练习起来不会觉得特别困难。慢慢熟练以后，可以尝试将吸气和呼气各延长 1~2 秒。呼气之前还可以加上一个短暂的憋气环节，这样能进一步降低呼吸频率，并增加氧气摄入量。有个好记的口诀叫作"4–5–6"，也就是吸气 4 秒，憋气 5 秒，呼气 6 秒。

使用放慢呼吸法，一定要进行足够多次，一般不少于 6 次呼气，或者直到情绪完全降低到可控范围内为止。

4. 配对式肌肉**放松**法

配对指的是让肌肉放松与呼气同时进行。在极端紧张或亢奋的时候，我们可以问问自己或孩子，情绪"落"在了身体的哪个部位？"落"这个字很重要，它暗示的是情绪会来找我们，但它不永远是我们身体的一部分。

是你的腹部拧在一起了吗？还是你的双手在颤抖？就像我们突然看到可怕的事物会因为害怕而心跳加快一样，所有的情绪，毫无例外地都会以某种方式"落"在身体的某个部位。有人一下子就能理解这个概念，有人要多练习几次才能觉察自己的身体反应。如果一开始理解不了，要耐心对自己的身体多觉察几次。带着这个对身体的觉察，引导自己或孩子，在吸气时收紧那个部位，比如，如果是腹部拧扯，就收肚子，如果是手发抖就握紧拳头，并觉察肌肉用力的感觉；呼气时放松肌肉，觉察肌肉伸展、张开的感觉，同时在心里说"放松"。

先收紧再放松，能够帮助肌肉放松到比收紧之前更松弛的状态。这也比直接告诉自己"放松"要更有效。边呼气放松，边告诉自己"放松"这个词，不仅有利于当时更有效地放松，而且能让大脑把"放松"这个语言信号与放松身体的感觉联系起来。以后再告诉自己"放松"时，身体就更容易放松下来了。

小结：引导孩子用正确的方法调节情绪

青少年是恐慌症的高发人群，一定要给予足够的重视，因为如果一个人总是经历让人非常痛苦的极端情绪，却没有什么好方法去缓解，就有可能去借助一些对自己非常有害的办法以求暂时的缓解，比如暴饮暴食、自我伤害等。这些方法不仅会带来无穷的负面影响，而且容易让未成年人陷入"我是坏孩子"的自我定位。

所以，我们成年人需要做的，不仅是尽早引导孩子用正确的方法调节情绪，而且发现孩子存在看起来很有问题的行为时，也不要武断地指责和辱骂他们。我们要看到，问题行为是症状，造成这个症状的根源是缺乏有效的情绪调节手段。这里介绍的"水氧呼吸放松法"在降低情绪痛苦方面，与暴饮暴食和自我伤害有着同级别的效果，同时又不会带来负面后果，是问题行为很好的替代办法。

英文中的 tip 一词有轻轻地一拨，就使什么东西打翻、倾倒，使事情出现转机的意思。tip 也出现在第一个技巧的英语名字 Tip the temperature（改变体温）当中，用一盆冷水就能改变事情的走向，有四两拨千斤的意味。面对极端的情绪挑战，不要把力气花在指责和辱骂这种费力又没用的事情上。辩证行为养育法总是教我们使用巧劲儿，它不乏"三十六计"里举重若轻、避实击虚、出奇制胜的智慧。

　　既要解决情绪问题，又要避免也许当时管用，但后患无穷的失调行为，这也是 TIP 技巧蕴含的辩证智慧。对于孩子的困境，我们要做到既能理解，又能加以引导。我们要养成一种习惯，在每一个 DBT 技巧中，体会到既温柔又坚定的辩证、和谐、统一。在生活的点滴之中，觉察两种相反的力，以及这两种力的同步、综合、融洽。在这样的观察和体会里，让辩证思维成为我们的习惯。

　　同时，在这里我也要向家长强调，一篇心理科普文章或一本书都不能代替心理医生。患有恐慌症的孩子需要专业心理治疗师对其进行详细评估并制定个人化的治疗方案。使用药物也是治疗恐慌症的常见手段。配合认知行为治疗，一般患者都可以克服他们的恐惧并逐渐康复。所以，如果孩子有需要，请尽早为他们安排专业资源。

第 4 节

孩子有极端想法，我该怎么办

——对他人正念

20 世纪 80 年代，美国有一部广受欢迎的情景喜剧叫作 *Growing Pains*，中文翻译为《成长的烦恼》。大家对它这么有共鸣，可见成长带来的蜕变、烦恼和痛苦是普遍的现象。青少年时期更是容易蜕变、烦恼也比较集中的时候，危机在这一时期也更为常见。缺乏应对危机的有效手段，青少年就可能出现伤害自己的现象。这个话题很沉重，但非常需要我们家长的关注。

对他人正念

小 Z 是一位 15 岁的花季姑娘，却在进入高中阶段的学习之后备受抑郁症折磨。她常常陷入"我是废物，我很没用"的情绪里。考试成绩不理想时如此，成绩很好的时候她也觉得是这次运气好、题目简单，甚至觉得肯定是老师判错了。总之，无论如何她都无法肯定自己的能力，更无法对以后的学习抱有信心。她一直喜欢画画和打羽毛球，也一直不缺少朋友，但进入高中后，她突然对这一切都失去了兴趣。每天早上睁开眼睛，她都觉得好像没睡过觉一样，从身体到精神都异常疲劳，连从床上爬起来都很困难。日复一日无从摆脱的压抑，以及自我否定和绝望感，常常让她觉得只有结束生命才能摆脱这周而复始、令人窒息的痛苦。这和她的家庭环境也有很大关系，对于她所遭遇的困难和情绪上的波动，她的父母都不能很好地倾听，常常用讥讽、呵斥、否定的态度对待她。她的父母也并不怎么相信心理辅导的作用，带她来做咨询的主要考虑还是怕她这种状态影响成绩和高考。

在小Z和父母一起出席的一次咨询中，小Z好不容易对我建立了信任，愿意向我吐露："我想过结束一切，我觉得暗无天日，太痛苦了，我只想让这一切痛苦早点儿结束。"

妈妈一听就急了："你这孩子，怎么能这么想，我们就你一个孩子，好不容易把你拉扯到这么大，稍微碰到点儿困难，就要结束一切。你结束一切了，我们怎么办？你真是太自私了。"

小Z的眼眶一下就红了："我可能就是自私吧，我不知道怎样才能不自私。我既然是一个自私、不堪、没价值的人，你们为什么要反对？为什么我不能就这么消失？”

爸爸也不耐烦了："你没有权利这么做。你有吃有喝，怎么就活不下去了？你就是性格太弱，抗压能力不行。你的任务就是学习，就这么点儿压力，怎么就扛不住？！"

小 Z 的眼泪已经在唰唰地流，却也只能默默抽泣。她眼睛里的光比刚进咨询室的时候更少了。她妈妈却没有停下来的意思，还在继续说："我们欠你什么了，你老用这个威胁我们……"

她还想接着说，我赶紧阻止了。我问小 Z，你们这样的对话以前有过吗？她说有过，每次说到这儿，都是这样。我说，既然这样的对话已经有过很多次，效果也明显不好，我们不要再重复效果不好的方式了，我们来试一种新的方式。我让爸爸妈妈不要讲话，完全听我和小 Z 讲。

我：小 Z，我感到你在承受着超过自己能承受的负荷的痛苦，你给我讲讲是什么事情，它是怎么困扰你的。

小 Z：没有什么事情能让我感到快乐，我一个人的时候总想哭。我知道应该努力学习，干我该干的事，但我想提劲也提不起来，集中不了精神。我觉得自己一无是处，老师、同学和我爸妈也不会喜欢我。这么一想我就更提不起劲，更学习不下去。我觉得自己像一只被关在笼子里的仓鼠一样，永无止境地在一个轮子上跑。没有人理解这个笼子里没有开心可言，我在这个"笼子"里感到特别孤独、特别无助，可我被困住了，出不去，越来越觉得自己没有价值。我就觉得既然这么没有价值，还有什么必要活着？

我：你怀疑自己的价值，怀疑自己是不是值得被爱，你在一个出不去的"笼子"里每况愈下，看不到希望，这让你陷入绝望的情绪，是吗？我想向你确认，在你想结束生命的念头里，有没有对爸爸妈妈的不满，有没有用这个来惩罚他们的成分？

小Z：我没想过惩罚谁，我知道他们不想失去我，我现在还在这里，就是不想对他们太残忍。但我希望他们真正理解我到底有多痛苦，他们从来没有真正理解。

我：这种不理解让你很失望，对不对？而且好像加重了你的自我怀疑，让你更找不到自己的价值了？

小Z：对，也许我就是一个自私的、不该出现在这个世界上的人。

我：不，不是的。你常常得不到你需要的理解和支持，但你不想对你的父母残忍，所以在这么痛苦的现实里，你这么孤单，却这么坚强地挺到了现在。

小 Z（泪如雨下）：我想找到生活的意义，我几乎忘了快乐是
什么感觉，我只有抑郁的情绪。

对话进行到此处，小 Z 的爸爸终于语气有所缓和："我们也能看出她很不开心，但不知道怎样安慰她。我们只知道人不能自我了断，那是不孝，我们不能失去她，她要是没了，我们也活不下去。"

我对他们说："所以，你们的意思是，小 Z 对你们来说特别重要，可以说是你们生活的意义和支柱？"

妈妈说："对，我们有了孩子以后就是在为孩子活着。就这样，她还要伤害自己，你说我们怎么能不急？"

我说："小 Z，你说自己没有价值，但看起来你至少对两个人特别有价值。没有你，他们几乎找不到活下去的勇气了。"

小 Z 的眼泪继续止不住地流，但这不再是不被理解的、绝望的眼泪，而是最深的痛处被安抚之后，开始恢复、愈合的眼泪。

我说："你不仅值得被爱，而且一直被爸爸妈妈深深地爱着。他们只是不知道怎么帮你走出那个迫使你原地转圈的'笼子'。也许问题在于，这是一个仅靠你们三个人走不出来的'笼子'。可是，你不是唯一一个被这种'笼子'困住的人，有很多人，通过心理疏导等办法，成功地走出来了。也许我们借助他们的经验，就能让你摆脱现在纠缠着你的痛苦，找回快乐、价值感、学习的动力和效率。"

在这段对话中，我用到的是辩证行为养育法中的"对他人正念"这一技巧。我们讲过对自己正念（见第二章第1节）以及对情绪正念（见第三章第2节）。让我们再复习一下什么是正念：正念就是不焦虑未来，不后悔过去，真正睁开眼睛看到当下，觉察自己的情绪、逻辑和行为。做到观察、描述、不评判，既接纳当下，又不让自己失控。正念的反面是混沌、习惯和机械的行为，是拒绝、压抑、阻塞和执念。小Z的父母最开始的反应就是习惯性的拒绝和压制。

孩子面临着自我伤害的风险，这是个特别敏感、让父母感到特别有威胁的事情。这时，"对他人保持正念"这一技巧就非常有用。使用这个技巧，就是对自我伤害的言行通过观察、描述、不评判来给予理解，以及用给予希望来帮助孩子抵抗这些想法。

观察

首先，我给了小Z一个空间，让她具体描述她的困扰。其实小Z也很想表达和求助，她顺利给出了"出不去的转轮笼子"这个形象的比喻。

描述

我对这个比喻进行了如实的观察和描述，让她知道我听到了、理解了这个比喻。描述一定要实事求是，不能对小Z的动机和意图进行推断和质疑。因为小 Z 的父母明显在质疑小 Z 自我伤害的意图是不是在威胁他们，所以我特意问了小 Z，让她在这一点上有机会澄清。

在使用认可他人这个技巧时，不要过多地关注自己，也不要过多表达自己的情绪，比如"你想伤害自己，这让我很生气"。这很可能让交流的通道关闭，孩子就不会再对你敞开心扉了。

不评判

小 Z 已经有很多对自己的评判了，比如"我自私、没价值、我不该活着等"。父母再去评判自我伤害对与不对，只能增加她的负面自我评价，适得其反。这时候应该做的是消解孩子的自我评判：这么难，你却坚持到了现在，你真棒！

有了这几步，小 Z 和父母终于勉强在同一频道了。她的痛苦能被父母承认；父母"爱她、珍视她、不能失去她"的心情也得以表达。

给予希望

在倾听和理解了孩子对困境的描述之后，我们要针对这个困境，给予孩子一些希望："这的确是个困境，它不仅困住了你，也困住过很多人。你不孤独。同时，我们也可以借助别人的经验，找到解法。我们不会让你孤单地独行，我们都在陪你一起寻找。"

小结：用不评判的态度，如实观察

承认孩子的绝望，同时不任其走入绝境；努力使孩子避免自我伤害，但不是用道德绑架、让孩子内疚等无效的方式压制，这就是在智慧心状态下达到的既有温柔又有坚定的辩证平衡。"认可他人"这个技巧给了我们做到这种平衡的具体步骤，简单好记又可行，那就是用不评判的态度，如实地观察、描述，并且给予希望。

最后，需要强调的是，有自我伤害倾向的未成年人需要专业的心理干预，请第一时间为他们寻找治疗师。我们不可能通过一两篇科普文章就变成心理专家，所以应该非常坦诚地告诉孩子："这种情况靠我们自己是不够的。我愿意帮你找到专业的人，让你得到很好的帮助，在大家的帮助下，我相信你可以走出来。不管怎样，我们永远永远都愿意帮你。"

未成年人自我伤害是一个宏大而复杂的课题。要使用这一节讲到的技巧，许多人可能都觉得有困难。所以，下一节我们还会继续探讨这个话题，进一步剖析为什么我们会被那么多想法困扰、有那么多放不下的执念。

自我伤害问题的思考练习

1. 如果孩子面临紧急的自我伤害风险，比如，情绪异常激动，冲动地表示现在马上要伤害自己，你该如何使用 TIP 技巧帮助孩子度过危机？还有哪些技巧能帮到你？

2. 对你来说，在哪些情况下要做到"认可别人"是很困难的？如果对方的决定和行为明显不道德，你认为是错误的，你会如何区分"认可行为"和"认可感受"？你能否做到在"不认可对方的行为"这一前提下，认可对方的感受？

第 5 节

自我伤害，该如何被谈论

——运用辩证的智慧

在上一节中，我们讨论了 15 岁女孩小 Z 自我伤害的想法，她的父母虽然很爱她，却做了很多错误的干预。在这一节中，我们进一步展开分析，在自我伤害这个沉重话题面前，我们为什么却这么容易说错话。明明心里都是爱与关心，为什么说出来的却是绑架与操控？

用辩证的智慧来破解误区

小 Z 经常听到家人和身边的成年人否定自己，否定的方式多种多样。我们现在就用辩证的眼光逐一进行分析，用辩证的智慧破解这些常见的误区。

1. 否定孩子的感受和经历。

小 Z 的爸爸说："你的任务就是学习，就这么点儿压力，你怎么就扛不住？""你有吃有喝，怎么就活不下去了？"

任何人在生命的任何阶段都可能产生压力，也都可能产生自我伤害的想法。而作为家长，我们和孩子谈论自我伤害，与两个成年人平等地谈论这个话题相比，还有更多的困难。作为成年人的我们更容易表现出"我才是扛起生活重担的那个人，你能有什么压力？"这样一种高高在上的错误姿态，也可能会说出"你们年轻人，你们这代人，就是吃的苦太少，不知道什么是真的苦，整天无病呻吟"这种充满着所谓"爹味儿"的话。

"爹味儿"之所以容易引起孩子反感，就是因为说话人在依仗资历、年龄、父权等，摆出高人一等的姿态，轻率地指点和批评孩子，却又给不出任何真正有意义的解决方案。

否认别人的痛苦，能给自己带来巨大的轻松感。依仗家长的权威，让自己逃避与孩子进行心与心的深度交流，这是个非常有诱惑力的陷阱。但这么做是一种偷懒行为，会让已经感到孤独的孩子更加觉得不被看见、不被倾听、孤立无援。

更重要的是，孩子还会模仿我们这种行为模式，不仅会否认自己的感受，还会去否认别人的感受。无法共情别人的感受会妨碍他们建立健康的关系，无法接纳自己的感受则会加重抑郁和焦虑等情绪。

我们要意识到自己非黑即白的两极化思维。"我不能接受你伤害自己，所以你必定没有压力""承认你的生活也有压力，就相当于认可你的自我伤害行为"，这些都是两极化思维的表现。其实，我们需要做到的是，正视和承认孩子的压力，同时又能与他们并肩找到应对的办法。

2. 不敢正视问题的严重程度。

第二个常见误区是对问题的严重程度进行淡化。比如小 Z 的妈妈说："什么了断不了断的，你就是临近考试，压力太大了，考完就会好的。"有时甚至还有透着不耐烦的轻描淡写："你怎么老是抑郁，差不多行了，你也该振作起来了。"

有人会说：我这么说是不想让情况变得更糟。如果我和孩子一起大惊小怪，孩子不是更会六神无主吗？

有这种想法的人首先要诚实地问问自己，对于直面真正的问题，你有没有恐惧？你自己是不是在逃避什么？逃避是不是让自己暂时缓解了担心和焦虑呢？

这里的两极化思维可能是，要么逃避问题，要么就得"和孩子一起大惊小怪"。

"什么，你要伤害自己？怎么能这样？哦，天哪，我不知道我该怎么办了！"要是这么回应，孩子确实可能会六神无主。这样的"大惊小怪"里全是"情绪心"，恐惧、焦虑占据主导，几乎看不到"理性心"的影子。

但对问题的轻描淡写和有意淡化，却是理性心过剩的另一个极端：推开、漠视所有情绪。可是，问题不会因为轻描淡写的否认就能自己消失，淡化问题还可能让孩子错失"早发现，早治疗"的最佳时机。

我们能否将这两个极端捏合成辩证统一的"智慧心"呢？运用智慧心，我们承认自己的无助和焦急，同时又能用理智去寻找那些最能有效帮助孩子和自己的资源。这就是用理智回应情绪。

3. 在人格和性格上对孩子进行审判。

"你就是性格太弱，抗压能力不行。"这是小 Z 的爸爸的原话。

审判别人能给自己带来强烈的优越感。换句话说："你身上有的问题，我没有。处在你的位置，我不会想伤害自己。"这是家长在切断痛苦感受，试图给自己带来解脱。家长的潜意识在说："是你的人格有问题，不是我没把你教好，我没有责任，我不用改变。"但这只会让已经深陷自我怀疑的孩子更加怀疑自己。

这里的两极化思维是"不是你的问题就是我的问题。既然我认为自己没问题，那肯定是你有问题"。

用辩证的思路，我们会看到第三种可能：也许我们各自的想法都没有错，也许是我们的关系出现了问题。关注第三种可能，我们说的、做的都会不一样："我能做些什么，让你感到我是理解你、支持你的？你能做什么，让我更好地理解你的经历和感受？"

4. 道德绑架。

"你这孩子，怎么能这么想，你结束一切了，我们怎么办？你真是太自私了。"小 Z 的妈妈这种道德绑架在亲子关系中特别普遍。

这种绑架把责任全都推给了孩子，在孩子最需要有人分担他痛苦的时候，反而让孩子为我们的痛苦负责。你可能想说的是："孩子，你不要离开我们。"但孩子听到的是："你痛不痛苦我不关心，我只关心你能不能别让我痛苦。"

这里的两极思维可能包括："伤害自己这种行为要么是对的，要么是错的。因为孩子的自我伤害会给我带来痛苦，所以它一定是错的、自私的。"

跳出这种非此即彼的思维，我们才可能看到，孩子的自我伤害是他们正在面临困境的一个信号，是对环境的一个合理的正常反应。同时，这不代表自我伤害应该被放任，但也不应该用道德绑架来阻止。运用智慧心，我们也许能找到第三种可能：承认困境、承认自我伤害想法的存在，表达对孩子的爱与不想失去他们的心情，为孩子提供支持、帮助和方法。

小结：兼顾情绪和理智

自我伤害是一个广泛且严重的公共健康问题。未成年人又是面临这一问题的人群中，更容易受伤害、更需要我们关注的群体。然而，这个话题又是家长最害怕面对的。我们都需要看到和接纳自己的不适，并且学习应该如何谈论这个话题。

我们要学着在辩证的智慧中，觉察自己在极端思维之间的摇摆，做到兼顾情绪和理智、兼顾承认现实和解决问题、兼顾孩子和自己、兼顾温柔和坚定，为这一话题去污名化，在爱与自由里让孩子找到生活的勇气和生命的希望。

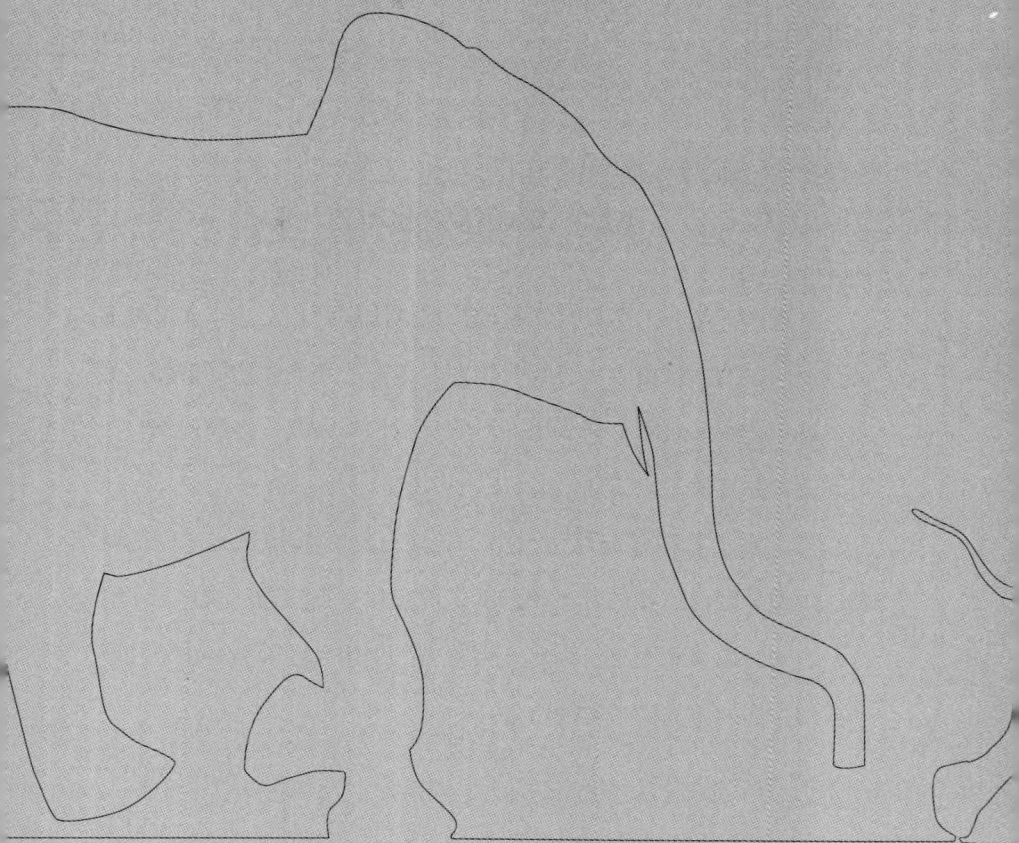

本书读到这里，你是否会想：学这么多育儿技巧，到底是为了什么？我最后能培养出一个什么样的孩子？这个问题很大程度上取决于你和孩子的关系。亲子关系是我们每个人来到世间面对的第一种关系，对我们的发展影响深远。但很多父母太重视孩子的学业等方面的教育，反而忽视了自己和孩子的关系。我们要意识到，自己与孩子的关系会影响他们的安全感、探索世界的意愿以及管理自己的能力。我们可以告诉孩子，他们要好好学习，要养成好习惯等，但如果关系紧张，孩子就是要跟我们对着干，一句都听不进去，又有什么用呢？所以，可以说，良好的亲子关系甚至比教育本身更重要。在这一章中，我们来探讨怎样温柔而坚定地维护良好的亲子关系，而良好的亲子关系又能如何帮我们润物细无声地引导孩子成为自由且自律的人。

第四章

亲子关系

每个相信自己的孩子背后，
都有一个早就相信他们的父母。

——马修·雅各布森

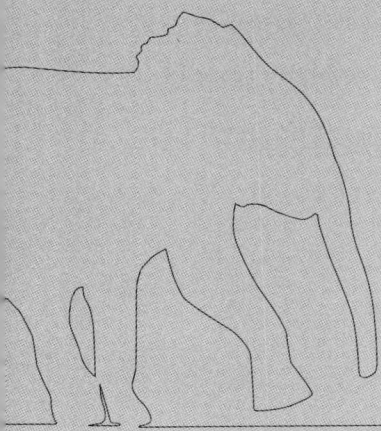

一个方法，让亲子沟通变得容易起来

——情绪转盘

我们在第二章用了很大的篇幅讨论情绪，比如，要想不被情绪控制，就需要我们去观察和描述它。但如果缺少情绪方面的词汇，描述情绪就会很困难。情绪转盘就是一个能帮助我们扩展情绪词汇的工具。这个工具非常好用，让我们在下面这个案例中看一下，情绪转盘是什么、是怎么使用的。

什么是情绪转盘

一对父母带着他们 8 岁的女儿来做咨询，给我讲了这样一个故事。他们偶然发现两个书柜之间的一面墙被孩子喷了一墙的水彩颜料。就是那种像牙膏一样的水彩颜料管儿，女儿用挤的方式，让颜料呈喷射状"装饰"了整个墙面，差不多挤完了一整盒颜料吧。我听到这里，要忍不住笑出声了，小朋友也太有创意了。

因为这个位置比较隐蔽，被两个书架挡着，他们发现的时候距离女儿的"创作"时间已经过去两个多月了。爸爸的情绪尤其愤怒，他应该是感到了一种背叛，一个默认的规则被莫名打破，让他感到失控，相当抓狂。但他不擅长用语言表达，他的反应是急于找出这个行为背后的原因和逻辑，所以他一直在问女儿："为什么，你为什么这么做？"他期待一个类似"你们说我……我嫉妒弟弟……所以我就……"之类的答案。只要有了这样一个答案，他就可以找回一些控制感，如果是女儿在报复，那么教育她、训斥她、对她发火就理所应当、顺理成章。而且，只要行为有因果，就还有控制、避免、杜绝的可能。

但事情都过去两个多月了，孩子哪里说得出为什么。她只记得当时没有不高兴，就是看了看五颜六色的颜料，又看了看白白的墙，觉得如果"这么玩儿"肯定很有趣！按她的原话，"就是太想试试了"，结果一试就收不住了。她这样说的时候眼睛里闪着光，当时那种兴奋、好奇都能从眼睛里透出来。

这八成是个即兴的偶发行为，有点儿冲动，但没有报复情绪。儿童对行为冲动的控制有限，这也很符合孩子的年龄特点。但这样的事实是爸爸没法接受的，因为偶发行为无法预料，更无法控制和规避。这种失控感让他无法忍受，所以他暴跳如雷，一边徒劳地追问"为什么"，一边呵斥孩子把墙擦干净。妈妈虽然对孩子把颜料涂在墙上也很不满，但看到爸爸这么暴躁，她更多的是想保护孩子。这让爸爸觉得夫妻不在一条战线上，孩子当时肯定有什么不满，这就是报复，这么小的孩子就会报复还不教育，妈妈还袒护，以后没法管了！于是夫妻之间也吵，父女之间也闹，鸡飞狗跳，一地鸡毛。

我先帮这位爸爸厘清他内心最焦虑的事情：将来会不会不断地有这种"灾难性"的事情发生。这对有点儿洁癖的爸爸来说简直太可怕了。顺着这个内心最深层的焦虑，我们分析，事情的核心是停止类似的行为，而不是给这个行为加上一个逻辑。即使能找到一个爸爸满意的逻辑，也可能对停止这种行为没什么帮助。孩子真正需要的是听到爸爸看到墙壁"毁掉"之后的真实感受，以及爸爸需要她做什么来对墙壁进行修补，而不是一直被追问"为什么"。

但爸爸在第一关就卡住了，我让他描述看到"花墙壁"时的情绪，他只会说"我就是不知道为什么会这样"。这句话里没有一个字是在表达喜怒哀乐的情绪，我发现他描述情绪的词汇太贫乏了，于是我们用了一个情绪转盘（见图 4-1）来帮助他。

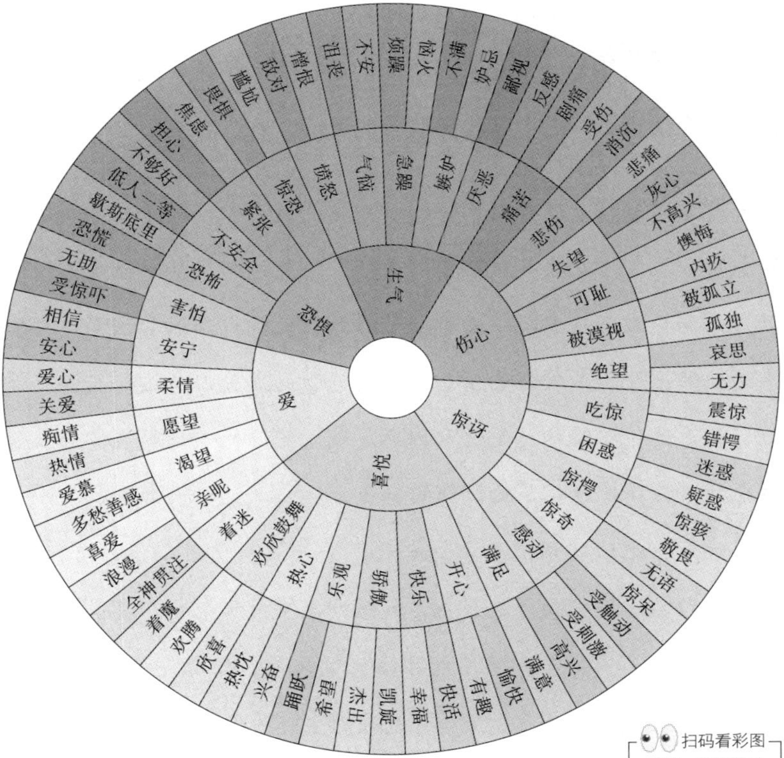

图 4-1　情绪转盘

扫码看彩图

如何使用情绪转盘

使用方法就是从情绪转盘的圆心开始，先选择一个符合自己情绪的大类别，从这个词向外去寻找在这个类别下，更细的情绪分类里符合自己心情的词语，然后再向外一级，找到进一步细化的情绪描述。描述情绪是一个非常高效的沟通技巧。情绪转盘可以帮我们快速扩充情绪类词汇，帮我们精准地定位、表达情绪。

有了情绪转盘的帮助，爸爸首先在圆盘中心选择了一个大的情绪板块：生气。从生气板块向外寻找，他又选择了从属于生气情绪的愤怒和急躁。从急躁一支再向外寻找，他觉得烦躁和恼火也可以表达他的感受。另外他的情绪里还有惊讶的成分，从这一支向外寻找，能表达他心情的是吃惊和困惑。属于吃惊的子情绪震惊和属于困惑的子情绪疑惑也是他情绪的一部分。

最后，把这些词汇整合到一起，爸爸组织出了以下语言："我看到干净的墙壁被画得这么花，我感到很生气和惊讶，甚至是愤怒和震惊。我认为你是知道不能在墙上画画的，但你还是这么做了，所以我感到恼火和疑惑，认为你是因为生气才故意这么做的。"

爸爸这么详细、坚定却不失温柔地做了情绪描述后，当爸爸提出需要孩子"把墙壁擦干净，并且以后不在墙上画画"时，孩子很容易就接受了。爸爸不再大吼大叫，妈妈也更愿意和爸爸站在一起对女儿的行为进行约束了。好在，这对父母在让孩子体验行为的自然后果这一点上，做得非常好。他们没有像很多父母那样，一边把孩子骂个狗血淋头，一边吭哧吭哧自己擦墙。他们知道应该让孩子自己擦，并且做到了为孩子提供工具和一些技术指导。最后，女儿用砂纸细细地把有颜色的地方轻轻擦掉，足足干了两三小时才恢复了墙壁的洁净，并且坚决表示以后再也不这么"画画"了。

这里的"情绪转盘"练习有以下几个重点。

第一，爸爸一开始是零情绪表达，根本理解不了什么叫描述情绪。借助情绪转盘，他拓展出了 10 个情绪词汇（生气、愤怒、急躁、烦躁、恼火、惊讶、吃惊、困惑、震惊、疑惑）。

第二，爸爸切身感受到，使用情绪词汇，能让他更贴切地表达内心所想。那种隔靴搔痒，说不清楚自己的感受，对方也无法切身体会它的感觉减轻了。这个体验让他的情绪自然而然没有那么强烈了。学会观察、描述和命名情绪，有助于调节情绪。

第三，面对直截了当的情绪表达，女儿更愿意去听，至少更无从逃避。情绪没有对错，她不得不面对自己的行为导致的自然后果。现在她的任务不再是回答爸爸的"为什么"并自我防御，而是如何平复爸爸的情绪和清除墙壁上的颜料。

第四，这个练习，让爸爸和我们都能看到情绪可以是复杂的、多层次的、多维度的。喜怒哀乐四个简单的字根本无法精准地描述人类情绪的复杂性。这每一个字里都包含着次级和更次级的分支。我们对某个事件的反应不仅是多种情绪混合的，更是多维度、多切面的各种细微情绪混合的。

家庭氛围不再鸡飞狗跳之后，父母也很快找到了满足孩子童心的办法，他们决定收集废报纸、超市广告、餐馆传单等纸张，再去二手市场淘一大堆便宜颜料。然后，把这些纸张贴满一整面墙，全家一起来玩女儿发明的这个游戏。这样，孩子也不需要再去"破坏"其他地方的墙壁了。在杜绝一个行为的同时，要记得用另一个替代方案对这个行为进行疏导。这个替代方案就是给孩子提供一个自由的空间。有了这份自由，自律就是水到渠成的事情。

也许我们的原生家庭不重视对情绪的描述，也没有人教给我们更丰富的情绪类词汇。学习和模仿的机会匮乏，"情绪转盘"里的词对我们来说可能就像一门外语一样，无法为自己所用，听到还会觉得陌生，甚至无所适从。但是，通过简单的学习，我们很快就能掌握这门"外语"。学习方法也很简单，每当经历比较激烈的情绪波动时，就有意识地要求自己对情绪进行观察、描述和命名。描述不出来，就看看情绪转盘，只要多练习几次，我们就会有飞跃性的进步。虽然对我们来说这样像是在学习一门"外语"，但对孩子来说，描述情绪却会被内化成他们的"母语"，让他们终身受益。别忘了，我们就是孩子的原生家庭，我们的孩子值得掌握描述情绪这一技能，也值得我们为他们做出这样的示范。

二胎家庭如何平衡两个孩子的情感需要

——情绪的相反行动

现在，越来越多的家庭正在养育不止一个孩子。如何平衡每个孩子的情感需要，就成了区别于独生子女家庭的挑战。让我们看看辩证行为养育法中有哪些温柔而坚定的智慧可以借鉴。

什么是情绪的相反行动

我在家庭咨询工作中接待过一个四口之家，家里有爸爸、妈妈、10 岁哥哥和 3 岁妹妹。父母的抱怨使儿子与他们的关系越来越疏离。

他们举例说，前几天妹妹过生日，收到一些礼物，全家围坐在一起拆礼物。按照爸爸妈妈的想象，这应该是一个全家一起进行的活动，一个温馨的家庭时刻。但哥哥全程都捧着平板电脑，心无旁鸷地玩游戏，叫了好几次他也没过来。等礼物全都拆完了，爸爸妈妈很生气地批评了哥哥，说他玩游戏太久了，不让他再玩了，然后强制没收平板电脑一星期。哥哥很不开心，这一星期都没和爸爸妈妈交流。

我先让爸爸妈妈表达了自己的感受，哥哥玩游戏不参与家庭时刻，他们具体的想法和心情是：感到很失落。他们觉得被哥哥和哥哥的游戏排除在外了，哥哥不参与他们的事情，他们也无法参与哥哥的事情。

我又问哥哥：听爸爸妈妈这么说，你怎么想？他明显还有些戒备，说出来的话好得不真实："我觉得自己很不应该，不该让爸爸妈妈感到失落。我以后要和他们一起做事情。"

我只好再问他："你对妹妹过生日、收礼物这件事怎么看？"

"我有些吃醋，妹妹收了很多礼物，而我什么都没有。我也不想看她拆礼物，因为我知道我肯定会想摸一摸、玩一玩，但我也知道她肯定不让我摸。"

相信养过两个孩子的家庭，对这一幕都不陌生。老二好像普遍对自己的东西有比较强的掌控欲。3岁左右也是建立所有权的年龄，所以妹妹的做法其实非常常见。而需要确认自己的存在感和拥有父母完全的爱又是老大普遍面临的成长挑战。

于是我说："所以，你是特意让自己躲在游戏里，这样你就不会感到失落了？"

"嗯，对，这样我就不用去看妹妹的玩具。"

我问爸爸妈妈是否知道哥哥的这种心情。妈妈说，一般她都能察觉哥哥的这种心思。那天她没能注意到，因为她在处理自己的很多情绪。她说，妹妹3岁了，这件事给她的情绪造成了很大的冲击。妹妹不再是个小宝宝，不再所有的事都倚靠她，她要慢慢接受跟孩子的分离。妈妈在为某种渐渐失去的东西感到悲伤，而且她在哥哥长大的过程中也有过同样的悲伤。本来她想利用给妹妹过生日、拆礼物这个有一点儿仪式感的机会，帮自己跟原来那个软软的小宝宝说再见，接受孩子在长大这个事实。这种悲伤占据了她的心理资源，让她忽略了哥哥心情上的细微变化，她也就无法理解哥哥的行为。

说到这里，妈妈已经抑制不住眼泪。哥哥和爸爸都有点儿手足无措。我让哥哥在旁边画画，画一幅全家福，然后我先帮妈妈处理情绪，引导爸爸说出一些理解和安慰的话。

妈妈的情绪得到舒缓之后，哥哥的画也画好了。哥哥其实有一颗非常温柔善良的心，他看到妈妈情绪不好，就在这幅画了他们全家人的画上写了"送给妈妈"。画上的他几乎和妈妈一样高，但实际上他比妈妈矮很多。我问他为什么这么画，他就说觉得自己是大孩子了，可以给妈妈带去安慰。

当我们做到对自己的情绪诚实，并真诚表达的时候，我们就自然能引导出孩子真诚善良的一面。

妈妈很感动，她突然有了一个想法："等妹妹睡觉以后，你跟妈妈一起悄悄地做纸杯蛋糕吧，不要让妹妹知道，明天我们给她一个惊喜。"

哥哥听了很开心，已经迫不及待了，也忘记了因妹妹过生日而吃醋的事。

有时，我们看到的问题，比如孩子沉迷电脑游戏，可能只是表面的现象。它折射出的是更深层的情绪和关系问题。有时我们在与孩子相处的过程中感到失落，也许是因为孩子先感受到失落，不会处理，又把它丢给了我们。如果我们也不会处理，只会发火，像这个例子中的父母那样强硬地没收哥哥的游戏设备，矛盾不但不能解决反而还会被激化。有时候，可能是我们真的不会处理，但更多的时候，是因为有其他事情降低了我们处理矛盾的能力。在这种情况下，我们要先觉察和处理好自己的事情。

在上面的故事中，出现了辩证行为养育法中的一个重要技巧，叫作"情绪的相反行动"。这个技巧的逻辑就是，所有的情绪都会伴随一个行为冲动。改变这个冲动，就能进而改变情绪。比如感到失落，容易让人想逃避，钻进自己的世界里，把别人推远，以达到保护自己的目的。但顺着行为冲动做事，一般都会让情况更糟。哥哥面对妹妹的礼物感到失落，从而钻进游戏里，把所有人推远。父母感到失落，从而没收平板电脑，把哥哥推远。

而这个技巧就是教我们认识到情绪和它产生的行为冲动，一旦确认冲动是无效的，我们就特意逆着冲动，反向做事。冲动告诉你要把别人推远，你就有意识地去做拉近彼此距离的事情。而且一旦决定使用这个技巧，就要一路进行到底，要不断地重复相反行动，直到冲动完全消失为止。

比如，诚实地表达自己："宝贝，你玩游戏就不能跟我们一起拆礼物了，我们会感到失落的。"

再比如，询问对方的心情："宝贝，你是不是有什么不开心，怎么不过来和我们一起拆礼物？"

这样的真诚表达和询问是一种示范，也给了孩子一个表达自己的机会。他可能会说："我不想和你们一起拆礼物，我没有礼物，妹妹也不会给我分享她的礼物。"如果粗暴地拿走孩子的平板电脑，孩子就不会这样表达自己了。

运用这个技巧，我们就有了了解孩子真实想法的机会，也才有疏导他和相互交流的机会："给别人过生日，我们自己确实有可能感到失落。这样吧，你来做礼物大管家，必须等你先亲手把礼物递给妹妹，然后她才能拆开。"

让孩子感到自己是有价值的、被需要的，他就会很自然地为过生日的小朋友感到兴奋。如果他还参与了制造惊喜的过程，他就会更加好奇那个寿星小朋友会有多开心。

这位妈妈在处理好自己的情绪之后，很快找回了自己的智慧心，想出了和儿子一起为妹妹制造惊喜的方法。如果你不会烤蛋糕也不要紧，你想出的方法可以是制作你会做的任何一种东西，或者是你们一起特意为妹妹做的任何一件小事。只要不过生日的孩子可以体会到帮助别人的快乐，同时，过生日的孩子又能享受到过生日的快乐，就都是可以的。

小结：我们要有不被情绪和行为冲动左右的能力

满足二胎家庭中两个孩子的情感需求是一组辩证统一。理解孩子的行为，又能不动声色地加以引导，也是一组辩证统一。要实现这些统一，需要我们有不被情绪和行为冲动左右的能力。特意做出与冲动完全相反的行为，是一种高级的自控力，它不仅有用，而且能给孩子做出很好的表率，通过行动教会他们怎样与自己的情绪相处。

练习相反行动，只可能犯两个错误：一个是没有做完全，另一个是没有做。也许你会说，很强烈的感觉才叫冲动，逆着冲动做相反的事，还要进行到底，谈何容易？但也许你也发现了，我们讨论过的所有技巧，真的要在生活中用出来都不容易，都需要极大的自律。我们期待孩子长成自律的、有内驱力的人，但如果我们自己都不能约束自己，又怎么有立场要求孩子呢？华裔明星杨紫琼在哈佛大学法学院毕业典礼致辞时说过，小时候练舞的经历，让她通过自律和专注找到了自由的感觉。虽然自律很难，但所有的自律都会回报你以自由。逆着情绪冲动做出相反的行动，会给我们的亲子关系、家庭氛围，以及我们对孩子的影响力带来自由。我们的孩子通过模仿我们的自律，又会收获更多的自由。自由和自律听起来相悖，但在辩证统一的状态下，它们是同时发生、不可分割的一个整体。

思考与练习 | 情绪转盘、相反行动、全然接纳

1.将全然接纳和相反行动一起使用，往往事半功倍。想要复习全然接纳，请阅读第二章第 2 节。现在，以看到孩子把墙壁画花为例，借助情绪转盘，练习全然接纳和相反行动。

第一步：辨认情绪。挑出情绪转盘中符合自己情绪的词，对这些情绪进行全然的接纳。

第二步：辨认冲动。这些情绪让你想做什么或想说什么？

第三步：询问智慧心。这么说或这么做，是有效的吗？

第四步：辨认相反行动。与冲动行为相反的行动是什么？

第五步：把相反的行动进行到底，直到不再感受到冲动为止。

2.回忆自己的一个具有挑战性的育儿经历。你当时产生了怎样的情绪和冲动？想一想，然后重复以上步骤。

第 3 节

把亲子冲突变成孩子的成长养分

——成长之树

一天晚饭后，我要带 3 岁的女儿娜娜找邻居家小朋友玩，顺便给邻居送件东西。这件东西比较重，需要先搬运到小推车上。我希望自己在屋外装车的时候，娜娜能在屋里把鞋穿好，然后我们就可以推着小车一起走过去了，这样最节省时间。我想得特别好。

娜娜完全会自己穿鞋，一般也都是自己穿，但那天她就是不肯自己穿，看我忙前忙后地装车，她哭着喊着让我帮她穿鞋。我也不知道哪根筋搭错了，一门心思想的就是"你会穿鞋，为什么不自己穿？看我这么忙，为什么还非要我帮你穿？你要想去邻居家玩，就自己穿鞋！"

后来就变成了"亮嗓门大赛"，娜娜大喊"妈妈，妈妈"，我大喊"穿鞋，穿鞋"，她大哭，我大叫，最后我更是把她往玄关一放，把大门一关："穿好鞋再出来！"我在屋外边装车边想，我只是想安静地装个车而已，怎么就这么难？娜娜以为我不带她去了，在门后面边哭边喊妈妈，喊得撕心裂肺，她自己又打不开门，隔着门我都知道她要急晕过去了。

虽然后来有爸爸安抚，娜娜也没事了，在邻居家也玩得很开心，但我一想到自己听着娜娜哭得要急晕的声音也不想给她开门，就觉得"我的心怎么这么硬啊"。娜娜没有向我抗议的能力，我这么"欺负"她，她也没办法，而我不用承担任何后果。我明知自己不该这么心硬，可就是心软不下来。这种"做不到"让我很惭愧、很内疚，而如果这种情况是育儿常态，它不仅会消磨我的自我尊重，让我不喜欢自己，而且还会伤害孩子。

所以这件事发生之后，我虽然嘴上没说，但心里一直疙疙瘩瘩，不能与自己和解。我希望能好好地剖析自己，并找到恰当的方式改变这种模式。

什么是成长之树

描绘儿童成长，可以用一棵树的成长来做一个类比（见图4-2）。

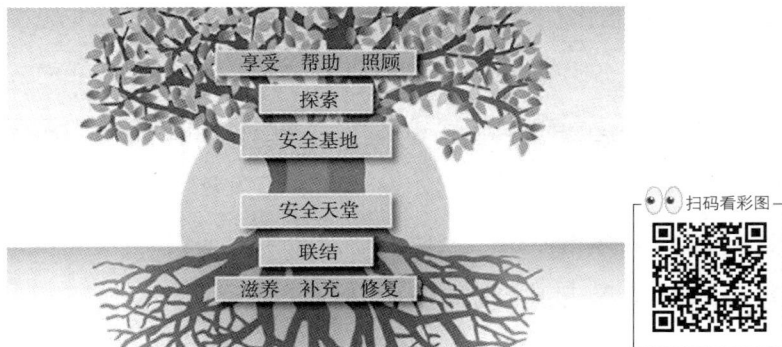

图 4-2　成长之树

一棵树大体上可以分为树冠和树根两部分。w 儿童有两大核心成长需求：一个是树冠代表的向上、向外生长，探索、发现、掌握的需求；另一个是树根代表的向下、向内生长，连接、修复、被滋养的需求。根得到滋养，被允许与大地充分连接，枝叶又得到空间，被允许尽情生长，这样的树就会长成参天大树。关键是，要在恰当的时机给予孩子他正好需要的东西。

反思上面提到的让娜娜自己穿鞋这件事，其实当时我是隐约能感觉到的，娜娜看我忙前忙后顾不上她，她应该是想确认我没有忘了她。"妈妈不会装完车就自己走了吧？万一我穿鞋慢了，跟不上妈妈怎么办？"她希望我能帮她穿鞋，也是因为在那一刻她有跟我重新连接的需要。而我太执着于自己的节奏，希望穿鞋和装车同时进行，赶紧把事情办完，赶紧回家洗澡睡觉。

我是这么僵化而固执，以至于娜娜再三给我信号，我也拒绝接收，只觉得自己的节奏受阻，要以更不容置疑的方式推进我的节奏。我给自己找的那些理由"会做的事情就应该自己做""你应该独立""应该体谅妈妈，我很忙"都是在树根需要连接的时候强行推进树枝的生长，也只是在合理化自己的固执，假装看不见树根的需要。其实如果我去给娜娜穿鞋，也用不了半分钟。

娜娜有时也非常希望能自己穿鞋，自己穿上了会很开心、很有成就感。那就是她的枝条在向外探索。这种时候，我反而有可能嫌她穿得慢、穿反了，然后着急地说"唉，我给你穿吧！"所以我觉得树木生长这个比喻特别有用，能帮助我们正确地认识到孩子在不同时刻、不同阶段，会表现出不同的心理需求。

小结：可以经常问问自己，现在孩子需要什么

有时候，即使我们看懂了孩子的需要，能区别向外探索和向内连接，但受环境限制，我们也可能无法立刻满足他们。比如，孩子有与你连接的需要，希望和你一起读童书，而你正在炒菜。但只要我们看到了孩子需要连接的本质，我们就能变得更灵活、更有智慧，能找到别的办法满足这个需要。你可能会用观察和描述对孩子

的需要进行认可："上次我们依偎在沙发上一起看书好幸福呀，你是不是还想像上次那样看书呀？我们吃完饭一起看吧！"

我在前文中分享了自己"一地鸡毛"的育儿日常，希望你能找到共鸣，也能找到新的思路。辩证行为养育法告诉我们，要运用智慧心，做善巧方便之事。生命的生长有自己的节奏和规律，辩证就是避免对抗，顺势而为，因势利导，借势推舟。不能因为对我们来说，现在让孩子生长"枝叶"更方便，就要求孩子生长"枝叶"，现在生长"树根"更方便，就要求孩子生长"树根"。

碰到亲子冲突，我们可以问问自己：现在孩子需要的是什么？是向外探索的空间，还是向内连接的滋养？我怎样做能满足她？如果能在恰当的时候给予他们正好需要的东西，孩子就能在那个时刻完成质的成长。把握树木的两个生长方向，就是把握孩子成长的两个核心心理需求。借着辩证的智慧心，我们能把鸡飞狗跳的育儿内耗，化解为助力成长的养分和力量。

第 4 节

为什么孩子不愿意跟你说话了

——平衡有为之心与无为之心

作家纪伯伦写过："你是弓，儿女是从你那里射出的箭。"是的，亲子关系为分离而生，孩子就像射出的箭一样注定会远离我们，飞向自己的目标。但是，这不代表孩子长大后，他们和我们的关系就应该是疏离的。如果我们能以得体的方式不断调整与孩子的距离，亲子关系就能长久融洽。如果孩子越来越不愿意和我们说话了，我们就应该检查一下，是不是哪里抓得太紧了，反而推远了他们？

注重目标的有为之心，注重关系的无为之心

上一节中提到了善巧方便这一辩证概念。善巧方便分为两个部分，一个是注重目标的有为之心，另一个是注重关系的无为之心。

纪伯伦说，我们可以给予孩子的是爱，而不是思想，因为他们有自己的思想。爱的给予是无为的心境，思想的给予是有为的心境。亲子冲突很多时候是这两种心境没有达到平衡造成的。在这一节中，我们通过一个案例再展开讨论一下有为之心与无为之心。

有一位患有抑郁症的 13 岁女孩，她具有一些抑郁的典型特征，比如情绪低落、没有精神、生活态度消极、同学关系紧张等。她的妈妈很关心孩子，是对孩子充满爱的那种好家长。但我能明显感觉到，孩子的状态让这位妈妈很压抑、很焦急，她渴望马上看到明显的改善，以便从这种压抑中迅速解脱。

她会说："孩子，我知道你的状态很糟糕，我完全理解你正在经历什么。我会一直支持你的。告诉我你为什么会有这种感觉，这样我好帮你。""你怎么了孩子？你生气了吗？告诉我发生了什么，你经历了什么？你什么都可以告诉我。"

如果孩子真的分享了一点，比如不喜欢某个同学，或者觉得某项作业很棘手，她又完全不能接受："你不要这么觉得，你不能和每个同学都搞得关系很僵。""作业棘手也得写，你不能再拖了。不要沮丧，不要抑郁，战胜这些困难。战胜之后你就会觉得它们都是微不足道的。"

听到这儿，孩子就会翻翻白眼，把脸扭过去不再说话。她可能会对我说："我妈对我的事儿一窍不通。"也可能会对妈妈不耐烦地说："你别说了妈妈！你从来都不真正听我说话！我讨厌你老是告诉我应该怎么做、怎么想、怎么说！"

这位妈妈当然会感到又受伤又无力，她说："我觉得女儿在慢慢离我远去，再也不是以前那个和我无话不说的'小棉袄'了。可我又做错了什么？我已经这么关心她、在乎她了。"

我和这位妈妈对此进行了一番讨论。

我：你看到她抑郁颓丧、不交朋友的时候，你怎么想？

妈妈：我觉得她掉进了一个黑洞里，我想拉她出来，但拉不动。

我：你心里有恐惧对不对，你最怕什么？

妈妈：我怕她就这么沉沦下去，陷在不可知的低谷里出不来。

我：带着这份焦虑，你对她说的所有话，其实都是为了消除自己的焦虑。虽然你能做到表面温柔地关心她，但你真正想做的是改变她。

妈妈：我恨不得现在、马上、立刻就能改变她。她以前开朗、阳光、向上，那样的她多好呀！现在的她根本不是她自己呀！

我：但你越是想改变她，越改变不了，对不对？

妈妈（深深地叹了一口气）：这是为什么呢？

我：因为你想改变她，从她的角度感受到的就是妈妈对她不满、不接纳、不理解。用你关于黑洞的比喻，这相当于趴在洞口质问她："你没事儿跑到黑洞里去干什么？"而她需要的是你下到黑洞里，站在她旁边，和她一起感受："哦，原来黑洞里这么黑、这么吓人、这么压抑，你一定很想出去吧？你想怎么出去？从这儿爬吗？好，我托你一把。"这比从上边拉她有效多了。

妈妈：我从没想过我也得下到黑洞里去。我对这个想法的第一反应是抗拒。可能我真的缺少真正了解孩子处境的意愿，我对黑洞的恐惧太深，我没有直面它的勇气。

我：你的这个觉察很可贵，这是改变的开始。下到黑洞里去很有必要，因为有了在黑洞里并肩站立的状态，你们的一个眼神接触、一个点头、一个抚摸后背的动作，都会传递出非凡的意义。

这个例子很好地诠释了有为之心与无为之心。

有为之心与理性心类似，它是任务、目标导向的，甚至可以说是无情的。在有为之心中，我们将自己的想法当作现实，将孩子的处境、行为和自己希望的状态加以比较。我们会觉得孩子需要修正和拯救。我们的姿态高高在上，带着焦虑和控制欲，希望从高处把孩子往上拉。但抑郁之重可能超乎我们的想象，提拉这个动作的劲儿又使得很不巧，所以我们就会觉得很吃力。

你以为用温和的语气说关心的话就行了，但孩子一下子就能感知到你只是在缓解你自己的焦虑、满足自己的控制欲，并不是真的想了解他们的处境。他们马上就会启动防御机制关闭自己，一个字都不想再对你说。

无为之心是关系导向的，它是敞开心胸、充满好奇、坐看云涌、体验当下的状态。这听起来容易，但其实很难，需要我们有下到黑洞中的勇气，或者说有真正了解孩子内心世界的勇气。当然，一味秉持无为之心也可能造成对问题行为的纵容、放任和屈从。换句话说，我们也不能一直陪孩子在黑洞里待着。

我们可以先问问孩子的真实感受和他们面对的具体困难。比如，我们可以问下面这些问题。

- 你的那个同学说了什么、做了什么，怎样伤害了你、困扰着你？如果你想告诉她你不高兴，你希望怎么表达？

- 你的作业具体要求你做些什么？你觉得最棘手的部分是哪里？是不明白要求，还是不知该从何处下手，还是步骤太烦琐，一想到就不想做？或者是别的什么？

- 如果你有一根魔杖，一挥动它就能让所有的烦恼消失，消失的东西会是什么？你的生活会变成什么样子？

接下来，我们可以帮助孩子观察、描述、承认这些经历，再和孩子一起想办法、找出路。我们应该作为孩子的同盟出现在他们身旁，给予他们理解和力量。这种力量可以帮助孩子从低迷或抑郁的状态中解脱，从而获得自由。

小结：注重与孩子的情感联结

善巧方便的智慧心不仅能整合理性与情绪，而且能结合作为与存在。作为一个清醒的观察者出现在孩子身边，在充分连接他们的天然状态之后，顺势而为，协调出最有利于他们成长的回应，达到有效的目的，这才是真正的"控制"，或者说"领导"。

智慧心是心念静止的状态，但静止不是什么都不做、什么力量都没有。恰恰相反，静止是让焦虑、担心、疑虑这样的噪声都安静下来。迫切希望孩子接受我们的观点、按照我们期待的方向改变他们的行为，静止也是让这样的冲动都安静下来。静止是强大有力、老练高级的能量蓄积方式。在静止的智慧心中，才能让孩子感知我们的体贴、关注、觉察和参与。

网上很流行一个对教育的定义：教育就是忘了学校教给你的所有知识之后，剩下的东西。同理，家庭教育也应该是孩子忘了你说过的所有话之后，剩下的东西。孩子不可能记住我们说过的每一句话，我们说过什么其实也并不是最重要的。我认为这"剩下的东西"应该是我们和孩子的关系，是情感连接，是放下自己，是看见他们，是全然出席在他们的生命里。

使用成长之树，做到善巧方便

1. 请练习将"成长之树"运用在第 4 节那位患有抑郁症的 13 岁女孩的案例中。她的哪些需求属于树根的向下生长，渴望连接、修复、滋养？哪些需求属于树枝的向上生长，需要去探索、发现、掌握？你希望自己以什么样的方式满足这些需求？它是善巧方便、辩证平衡的吗？

2. 以娜娜希望我给她穿鞋这件事为例，她需要的是有为之心还是无为之心？善巧方便的平衡应该是什么样的？

通过五种感官照顾自己，管理压力

——自我安抚

虽然抚养孩子需要大量的自我牺牲，

但为了服务我们的孩子而抹去自己，只会造成我们的怨恨和他们的不安全感。

——玛格达·格伯

我知道，这本书虽然提供了很多育儿方法，但同时也向家长提出了很多要求，家长要做到正念、做到辩证，还要学习那么多技巧，着实不易。在顾及亲子关系之前，我们需要先照顾自己，舒缓自己的压力，维护好与自己的关系。我们自己的状态不好，也必然不能让孩子感受到温柔与坚定。

平衡自己的需要和孩子的需要

《育儿的乐趣》这本书中举过这样一个例子。

一位妈妈自述：一天早上，我 5 岁的女儿在上幼儿园之前，拿起我的口红涂在了自己的嘴唇上。她明知幼儿园不准小朋友涂口红。我们就要迟到了，我越来越不耐烦，头脑里全是负面的想法：女儿就是故意违反规定，趁我不注意偷偷涂口红，老师和其他家长看见了，肯定会认为我是个不负责任的妈妈。现在我得花额外的时间让女儿把口红擦掉，但我会因此迟到，接着就会因为迟到被骂，那真是太糟了……我感到烦躁、恼怒，它们像温度计里的水银一样飘升，然后我就开始吼我的女儿。吼她不仅是让她把口红擦掉，更是让她知道我有多生气，还有她的行为对我们两个人意味着怎样的后果！我不停地吼她，直到她眼睛一红，泛着泪光，对我说："但是妈妈，我觉得自己好小，口红能让我感觉自己大一点儿。"原来，她的女儿一直是班上个子最矮的孩子。因为个子矮，她和其他小朋友玩过家家时，永远只能扮演"宝宝"，甚至还受到过语言和行为上的霸凌。妈妈后来意识到，因为生活和工作上的各种压力，她错过了孩子在那一刻真正的想法和经历。"我的小姑娘正承受着身体矮小带给她的痛苦，而且在寻找一种能让她在一个几乎所有人都比她高大的世界里感到强大的办法。可我却无法回应孩子的需求，因为我忙于应对自己的压力。于是，我错过了一个理解她和拉近亲子关系的机会。"

面对生活中的各种压力，每个人都有感到崩溃、难以承受、被淹没、不知所措的时候，作为父母，我们往往会忘记自己也是需要被照顾的。在这一节中，我们就聊一聊如何不要忘了把时间留给自己、学会关心和照顾自己。即使是一部机器，也需要不断接受保养，而我们要先把自己照顾好，才能更好地照顾孩子，这也是一组辩证。育儿的关键就是平衡自己的需要与孩子的需要，也是平衡"强有力的掌管"和"温柔而慈爱"这两种状态。它们听起来相反，但其实当我们做不到"温柔而慈爱"的时候，也绝对做不到"强有力的掌管"。

如果做不到对孩子温柔而慈爱，或许这是一个信号，它在提醒你，你是不是对自己也缺少温柔与慈爱？这一节要讨论的就是辩证行为养育法的"自我安抚"技巧。

自我安抚

自我安抚就是运用五种感觉——视觉、听觉、嗅觉、味觉、触觉，以安慰、照顾、平和、温柔与正念的方式善待自己。带着好奇和温柔的态度，不需要很多努力或想象，只需要将心带回当下，关注身体感受，就能让我们安静下来，让失控的情绪恢复平静。自我安抚技巧可以配合第二章第 4 节提到的慈爱之心，二者可以交替或一起使用。温柔而慈爱地对待自己，能帮助我们容忍困扰、稳定情绪、减少冲动行为，还能促进有效育儿，促进亲子关系。

练习之前，可以先给自己的压力程度打个分（0—100）。练习结束后，再打一次分，看看能否通过分值数字直观展现出压力感的降低。

本章末尾附有根据玛莎·莱恩汉博士的 DBT 练习单改编而成的自我安抚练习单。本着控制时间和经济成本的原则，练习单详细地罗列了很多可以运用五种感觉善待自己的事情。如果你想到了别的方法，也可以继续对练习单进行扩充。

自我安抚不应该需要很多时间，也不应该花掉很多钱。所以，我们也要注意，不要过度使用自我安抚技巧，一味沉溺于任何一种感官享受，都可能带来自我毁灭性的后果。自我安抚可以缓解负面情绪，但也要注意，它不足以解决危机，也就是说，最终我们还是得把事情做完。在自我安抚和解决问题之间，要取得一个平衡。辩证行为疗法给出的一个建议性的使用顺序是，用 TIP 技巧缓解被淹没的感觉，然后进行问题解决，最后使用自我安抚来奖励自己。

自我安抚说起来简单，对有些人来说却很有难度。有人可能认为自己不值得被安抚，或者不值得被友善对待，安抚自己让他们感到内疚或羞愧。还有人认为自己应该得到别人的安抚，安抚自己更让他们觉得没人关心自己，反而越发觉得自己可怜。这时，我们需要练习相反行动——越觉得难以开始，越要把练习坚持下去。

我们可以想象一下，同样是面朝大海的一段录像，配上舒缓放松的音乐与配上阴森恐怖的音乐，给人的感受会完全不同。我们照顾自己的能力，就决定了这段背景音乐的性质，也决定了我们对生活小事的反应和应对育儿挑战的能力。所以，我鼓励大家即使感到愤怒、内疚、抗拒，也要继续尝试。经过练习，自我安抚就会变得越来越自然。练习自我安抚也是在给孩子做榜样：面对压力，自我管理看起来应该是什么样的？这样的观察和模仿会慢慢内化成孩子照顾自己的技能。毕竟，还有什么比有能力照顾好自己更重要的技能呢？

自我安抚练习单

　　用 0 分表示完全舒适，没有压力；100 分表示你能想出的压力最大、最困扰自己、最痛苦的感受。请为你现在的压力程度打分。然后，你可以从以下各个感觉中挑选一两条进行尝试，对自己进行全面的照顾、安抚。

视觉：

　　仰望星空

　　看美丽的风景照片

　　买一束美丽的鲜花

　　在房间的一隅布置一处好看的景致

　　点一支蜡烛，观察烛火

　　用自己最好的物品布置一下办公桌的一角

　　去博物馆看艺术展

　　看一段舞蹈视频，或者观看线下表演

　　观察大自然

　　看日出或日落

　　在公园里漫步

　　用正念的心态观察眼前的一切

听觉：

　　听轻柔的或动感的音乐

聆听大自然的声音（海浪、蛙鸣、鸟叫、雨声、树叶沙沙作响的声音）

聆听城市的声音（汽车、喇叭、人来人往的声音）

清唱你最喜欢的歌

哼唱一段舒缓的旋律

学习一种乐器

收集一些适合在碰到困难时听的音乐，播放这个歌曲集

对听到的所有声音练习正念，练习让所有声音从一只耳朵进，从另一只耳朵出

嗅觉：

使用你最喜欢的香皂、洗发水、须后水、香水、面霜，或者在商店里试用

点香、点蜡烛，或使用香薰

打开一袋咖啡，闻闻咖啡豆的香气

把柠檬油涂在家具上

在房间里放一个装满香氛干花的碗，不时添加尤加利或者其他香味的精油

制作饼干、面包或爆米花

闻一闻玫瑰或者其他鲜花的香味

打开窗户，闻一闻空气的味道

在树林中漫步，用正念呼吸来感受大自然的清新

味觉：

享用一种最喜欢的食物

享用一种最喜欢的饮品，比如茶、咖啡、热巧克力、抹茶拿铁、奶茶或鲜榨果汁

犒劳自己一份甜点

吃一份承载着儿时回忆的食物

嚼一颗喜欢的口香糖，或者吃一颗糖果

以正念的、慢下来的节奏真正品味食物

触觉：

泡一次又长又烫的热水澡

抚摸宠物

泡脚，按摩脚

摆弄一个舒压玩具

拥抱一个毛绒玩偶

拥抱一个人

坐在家里最舒适的椅子上

穿一件触感舒适的衣服

开车的时候把车窗摇下来

触摸光滑的或粗糙的木头、皮革、瓷器或陶器

给床铺换上干净的床品

把自己裹进一个柔软的毯子

注意到一切让你感到舒适的触感

结束自我安抚练习之后，再次为自己的压力程度打分。你的分数降低了吗？降低了多少？你觉得在未来的生活中可以用到哪些自我安抚技巧来管理压力？

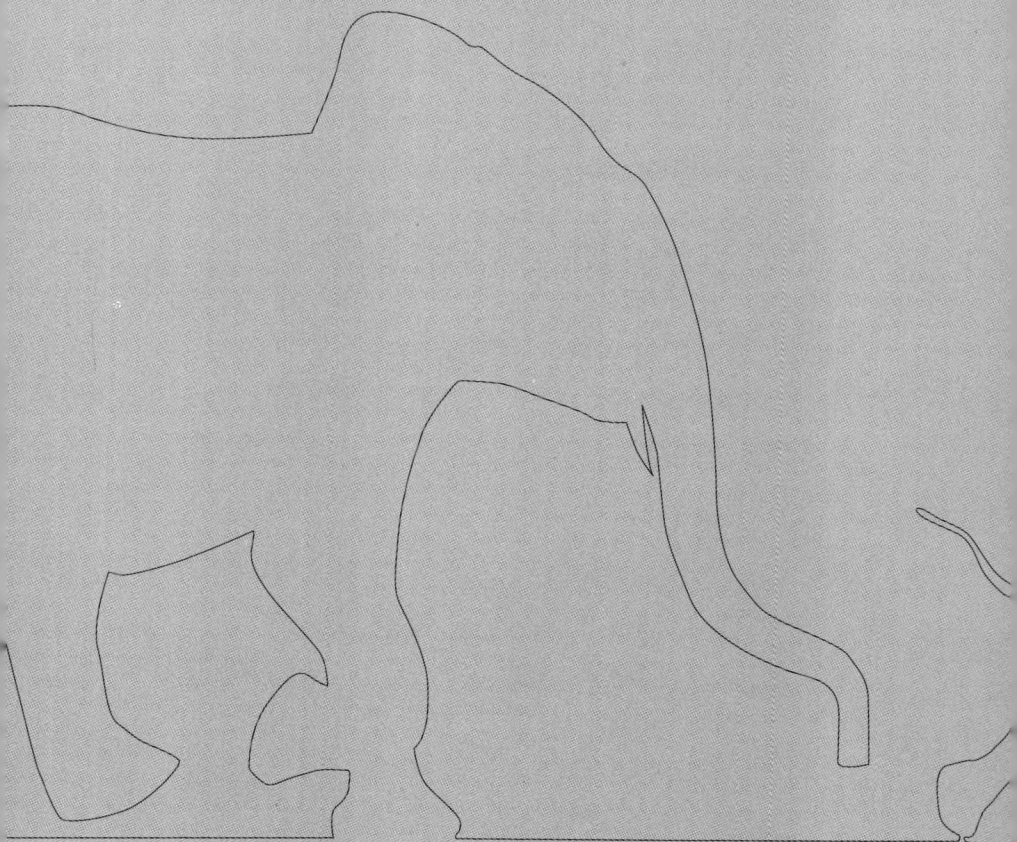

联合国教科文组织 2019 年出过一份报告汇集了一系列定量和定性调查数据，名为《数字背后：结束校园暴力和欺凌》。根据该报告，32% 的学生近一个月被学校中的同龄人欺凌过至少一次，30% 的人遭受了身体暴力，全球每年约有 2.46 亿未成年人遭遇校园暴力。儿童时期不会处理人际挑战的孩子，成年以后也会出现诸多关系问题。我们精心养育孩子，该如何教会他们设置边界、保护自己、不被欺负呢？又该如何教他们用平和的手段表达不满、解决矛盾呢？人是社会性群居动物，一个人的关系质量几乎决定着这个人的整体生活质量。作为家长，助力孩子提升人际能力，让他们成长为既温和又强大的人，是我们义不容辞的责任。在这一章中，我们来探讨辩证行为养育法如何实现这样一组辩证。

第五章

助力孩子的人际交往

敢于设定界限就是即便冒着让别人失望的风险，
也要有勇气爱自己。

——布琳·布朗

教会孩子应对欺负和暴力的校园经历

——"如你所愿"

我给一个 11 岁的男孩乔做心理咨询时，他向我倾诉了一件事。

他非常喜欢足球，但是最近在学校踢球时总有几个同学很"烦人"。只要他拿到球，他们就跑过来猛力地撞他，有时把他撞开，有时撞倒，然后把球踢走。或者他们会贴着他的耳朵尖叫，他感觉耳朵要被震聋了。他每次都被气坏了。他向父母讲了这些事，父母让他不要和这些孩子一起踢球了。但他说这些同学是他的好朋友，而且他不想错过这么好玩的足球"赛事"。

听他的描述，这些事有欺负和暴力的成分，给乔造成了一定的危险和情绪上的波动，但孩子的世界跟成年人的一样，有躲不开的人和不得不面对的关系。我们不能因为不喜欢老板或同事就不和他们讲话，也不能和所有激怒过我们的朋友绝交。虽然看得出父母的建议充满对孩子的爱、担心和保护欲，但是并不能满足孩子的社交需求。乔需要发展出更复杂的人际关系技巧。

一个人际效能技巧——"如你所愿"

我先问了乔，他一般会怎么做，效果怎么样。他说，他会扯着嗓子喊"不要撞我"或"不要叫了"。但这么做好像正中那些孩子下怀，他们更来挑衅他，好看他"表演"大叫。他也试过赌气离开球场，但看到同学们踢得那么开心，又忍不住回去，最后又少不了惹同学一顿嘲笑。

我：你被撞开或被撞倒时有什么感受？

乔：非常非常生气！我讨厌他们！

我：什么让你感到讨厌？

乔：那是我的球，他们抢球的方式不对。踢足球时可以撞人，但只能轻轻地撞。他们却把我撞倒，弄得我浑身是泥。

我：他们夺走了属于你的东西，对吧？而且他们这么做很危险。这样撞你，你很可能会受伤。

乔：是的。而且他们对着我的耳朵喊，也会让我的耳朵受伤。

我：你说得对，本来踢足球是很好玩、很兴奋的事情，结果他们把这些都毁了。

乔：那我怎么办呢？我还是想踢球。

我：我们要让他们知道他们的行为不对、为什么不对、会有什么后果。我这里有一个公式，我们往里面填空，看看会得到什么。

这个公式是这样的：

"你做……的时候，我感到……。而且可能造成……或我不喜欢……。我希望你……。如果你能这么做，我会感到……。"

根据我们前面的对话，我们最终填完空是下面这样的。

"你这样用力撞我，我非常生气。我知道你只是想拿回球，但你那样做可能会让我受很严重的伤，那样你会有很多麻烦。而且我不喜欢摔得浑身是泥。我希望你能动作轻一些，我知道你抢球不用光靠撞人，这样你也会玩得更开心。"

"停！你这么喊，让我很烦躁。你可能只是觉得好玩，但这样可能把我耳朵震伤，那样你的麻烦可就大了。而且我耳朵很痛。我希望你小声一些，我知道你抢球很厉害，所以你不用靠这样尖叫来抢球吧？"

乔对自己新发展出来的语言表达方式很满意，下面我们就进入了演练阶段。

我说："讲这些话的时候要看着对方的眼睛，尽量不要情绪激动，语气要既严肃又镇定。"

我让乔把我当成对方，演练了几次，他就运用得非常好了。并且他很有信心，下次这么说，小伙伴应该会有所改变的。

我教给乔的是辩证行为养育法中的一个人际效能技巧，叫作"如你所愿"。这四个字中的每个字都代表一个步骤。

如，代表**如**实描述。

要描述的是对方的具体行为。乔刚尝试填空"你做……的时候"说的是"当你做一个讨厌鬼的时候"。我告诉他，"讨厌鬼"不是一个行为，对方具体让他讨厌的行为是撞人和尖叫。我们要尽量避免"讨厌鬼、混蛋、懒鬼、卑鄙小人"，或"我讨厌你"这种标签式的语言。因为它不能告诉对方具体要改变哪个行为。如实描述，让对方正视问题行为，无从逃避责任。

你，代表**你**的情绪。

乔尝试填空"我感到……"时说的是"我感到我想打你"。我告诉他，这是一个行为冲动，不是情绪。生气、伤心、高兴、吃惊、害怕这些是表达情绪的词。我们很多人不习惯用情绪词汇表达自己，导致这方面的语言非常匮乏，可以借助情绪转盘（见第四章第 1 节）来表达。乔也是如此，所以我和乔先对生气类的词汇进行了扩充：恼怒、恼火、气极了、愤怒、气愤、气恼、愤恨……最后他选了生气和烦躁。表达情绪能让对方正视人际后果，进一步推动对方承担后果。

所，代表**所**造成的后果。

乔填空"我不喜欢……"说的是"我不喜欢你老欺负我"。我引导他具体描述对方对自己造成的影响。他顺利地说出了"浑身是泥"和"可能受伤"这两个后果。视关系紧张程度而定，可以再加一句"那样你会有很多麻烦"，引导对方思考自己的行为可能给自己造成的后果。

愿，代表你希望看到的改变、你的**愿望**。

乔已经基本理解，在这里不能说"我希望你不要再欺负我"，他说的是"我希望你不要故意撞我，不要在我耳边尖叫"。我说很好，这样表达就具体多了。我们再看看能不能避免"不要"这两个字，把"不能做什么"变成"应该做什么"的句式。比起知道什么是错的，他们更需要知道什么是对的，而且肯定句式比否定句式更让人愿意跟随。他改成了"我希望你动作轻一些"和"小声一些"。最后，我说，我们还要给他们一个"奖励"——他们为什么要这样做，这么做了，对他们自己有什么好处。"我知道你抢球不用靠撞人和尖叫"这个句式,给了对方得到我们的尊重和赞赏的机会,把对方引向他们自己美好的一面。"我们会玩得更开心"给了对方获得更多快乐的希望,也在告诉对方,听我的,我们会双赢。视孩子和对方的关系而定,可以改成"你会玩得更开心"。

这就是"如你所愿"这个既做到尊重对方,又能表达自己的需求和愿望,能解决人际矛盾,确保有效交流的公式。面对暴力,要告诉孩子既不能情绪激动,也不能逆来顺受,这两种反应都是暴力的助燃剂。要做到既平静,又坚持自己的立场,这又是一组辩证统一。

小结:平静地坚持自己的立场

我想分享一个口诀:正念而自信。正念就是记得自己的目标:让对方改变伤害性行为。不要被对方的狡辩、岔开话题、顾左右而言他带偏了。自信就是表现出自信,对很多孩子来说,第一次使用技巧时很难真的感到自信,但是没关系,可以告诉他们,只需要装出自信就可以了。"假装"是一个我很喜欢的技巧,有点相反行动的意思。我们不能等自己真的感到自信了,再去做出自信的样子,我们没有那么多时间。"假装"不需要承诺和过多投入,它能帮我们放下借口,马上改变。怎么装?挺胸抬头,想象自己站得要多高有多高。直视对方的眼睛，声音洪亮清晰，语速稳定，语气不容置疑。让孩子多和我们练习几次，他们很快就能掌握。

此外，面对暴力，别忘了告诉孩子一些其他技巧，比如，球场上有没有哪个小伙伴是你知道一定会站在你这边的？需要的时候，可以向他求助："×××，我需要你，你能帮我吗？"还有，球场边有老师或教练吗？或者，事后能向自己信任的老师反映情况吗？告诉孩子，这不是"打小报告"，能为自己找到帮助和资源是一种很重要的能力，是强者的表现。另外，面对语言暴力、网络霸凌，或者极端恶性的暴力，也许只用"如你所愿"还不够。如果你有这方面的困扰，请及时寻找专业帮助，也可以参加辩证行为养育的培训课程，在课程中寻找答案。

"如你所愿"不仅是一个可以帮助孩子应对暴力和冲突的技巧，而且它适用于很多需要解决人际矛盾的场合，对成年人解决复杂的夫妻矛盾、家庭矛盾、职场矛盾等也都具有指导意义。我们在和孩子的相处中也应该多多运用这个技巧。我们自己熟练掌握后，不仅更容易教孩子，而且是在给孩子做示范，让他们有模仿的对象。希望这个技巧能帮助你"如你所愿"，让你和孩子发展出更成熟的交流能力，既保护自己，又不伤害别人，建立你所期望的亲子关系和生活中的各种其他关系。

练习"如你所愿"

1. 以孩子不写作业、做事拖沓为例，练习对孩子使用"如你所愿"。先写下你的答案，再参考下面的答案。

如：宝贝，离你睡觉的时间只剩……分钟了，你的作业还没开始写。或者，

宝贝，你回家之后已经玩了……小时了，你的作业还有……

你：我觉得很着急、不安、担心……

所：我不希望你写不完作业，或者因为写作业拖沓而晚睡。

愿：我希望你现在能集中精力尽快写完作业，这样你就能放松地多玩一会儿了。

对比参考答案，你认为自己的哪些地方写得更好？哪些地方可以改进？为什么？练习"如你所愿"带给你的感受是什么？

2. 在你遇到过的人际挑战中，哪些适合使用"如你所愿"？请在这个例子中进行练习。

第 2 节

多娃家庭，如何化解手足矛盾

——维持关系的技巧

如何化解孩子之间的矛盾，是当今很多家庭的困扰。很多父母都知道，如果一味要求大的孩子让着小的，容易让老大感受不到父母的爱，认为是弟弟妹妹剥夺了这份爱，手足关系反而恶化。这样的孩子成年以后，面对矛盾也容易走极端，或者只会一味牺牲自己，或者斤斤计较，这都是在重现儿时的创伤。同时，父母这么做对较小的孩子也不好，容易养成孩子自私骄横、不会照顾他人感受的性格。

但即使努力去平衡两个孩子的矛盾，也还是可能出现"共情了这个，那个就生气；理解了那个，这个又崩溃"的情况。所以，有的父母认为，是不是该抽身事外，让他们自己去解决？——你能看到其中的两极化思维吗？一端是越管越乱，另一端是完全放任不管。让我们看看辩证行为养育法是怎样融合这两极，兼顾两个孩子的心理需求，实现辩证统一的。

如何维持关系

有一位妈妈有两个儿子，哥哥 12 岁，弟弟 10 岁。哥哥买了一个新鼠标，非常喜欢和珍视，所以不让弟弟去碰它，生怕鼠标被弄坏了。而弟弟呢，正因为哥哥不让碰，加上新鼠标确实有点儿新奇，就特别想摸摸它。于是，弟弟就不停地挑战哥哥的边界，拿一下，遭到哥哥的呵斥，再碰一下，又遭到更严厉的呵斥。

反复几次，哥哥看到弟弟又把鼠标拿起来了，终于情绪大爆发，上去就给了弟弟几拳。弟弟当然非常委屈："就摸摸而已，又没弄坏，你就打我！"哥哥也有理："都反复明确告诉你不要动了！"

他们的妈妈面对着很多需要同时兼顾的东西——不能让弟弟觉得妈妈不爱他，被哥哥打了都不向着他；也不能让哥哥觉得妈妈不保护他的边界，好像他天生就该让着弟弟。

妈妈和哥哥进行了下面的对话。

妈妈：你不想让弟弟动你的东西，没有问题。但是，不可以对弟弟发脾气，更不能动手。

哥哥：我好好说他不听。

妈妈：你发脾气他不是也没听吗？

哥哥：那我怎么办？

妈妈：你先问问他为什么这么想玩你的鼠标。

哥哥：我不想知道，也不用知道，反正他就是不能动我的鼠标。

妈妈：你不用真的想知道，你只需要表现出你想知道。

哥哥：啊？

妈妈：你只要做出想知道的样子，假装在听就可以了。

哥哥：这样弟弟就不会动我的鼠标了吗？

妈妈：他说为什么想玩，然后你要认可他一下，比如，他说"你的鼠标看起来很酷，应该比旧鼠标好用，我就想试试用起来什么感觉"，你就可以说"看来你对新鼠标很好奇，很想体验一下"。

哥哥：可是我不同意他玩。

妈妈：我们是假装倾听，你只需要认可"为什么"的部分，不用认可"想玩"的部分。

哥哥：哦，所以我只需要对他的好奇心表示理解，理解完还是不用把鼠标给他。

妈妈：对。

哥哥：如果他还是动我的鼠标呢？

妈妈：那你就温和地告诉他不可以。你可以对他说"弟弟，我明白你很想试试我的新鼠标，但我也很喜欢、很在意它，还没有准备好和别人分享它，我准备好的时候会告诉你的。如果你现在就去动它，会让我感到不安，我会觉得我的私人物品不能得到尊重"。

哥哥：如果他还是不听呢？

妈妈：那就用点幽默，打打岔。比如，你就夸张地说"呀呀呀，坏了坏了坏了，你看，鼠标已经坏掉了，快给我吧，不算是你弄坏的"。然后顺势拿过来，放在弟弟不知道的地方。

这位妈妈用到的方法是辩证行为养育法中的"维持关系"技巧。它和上一节的"如你所愿"技巧一样，每个字都代表着一个步骤。

维，代表<u>维</u>持温和的态度。

哥哥呵斥弟弟"不要动我的东西，你怎么还动，臭弟弟，真烦人！你再动我就打你！"没有收到很好的效果。没有人喜欢被威胁、被攻击、被说"臭"和"烦人"。所以，我们要教孩子的第一步是使用友善和尊重的态度，因为这样提出的要求往往更能被别人接受。

持，就是保**持**表现出兴趣的样子。

要注意，这里的重点是"表现出"，而不一定非得真的有兴趣。因为兴趣是强求不来的，我们不能等到兴趣出现，才去表现出兴趣。"假装"帮我们不用过多投入，随时都能轻松做出实际上很难做到的人际行为。弟弟想碰鼠标，但其实他有一个更重要的需求：被倾听、被承认。我们愿意倾听的态度，即使是假装出来的，也可以满足对方的这个需求。

关，指的是**关**注和认可对方。

这对很多孩子来说不那么容易理解。他们以为认可对方的要求就代表必须满足对方，所以他们往往拒绝认可对方。在这里要给孩子讲清楚，我们认可的是"为什么"的部分，而不是行为部分。认可弟弟想碰鼠标的原因、出发点和心情，不用认可碰鼠标这个行为。事实上，弟弟觉得哥哥明白他的心理需求后，很自然地听进去了哥哥用温柔的态度诉说的自己的需求，然后就没再碰鼠标了。

系，可以理解为把一根绳子**系**得松一点儿，让气氛轻松一点儿，让自己幽默一点儿。

用插科打诨的方式坚守自己的立场。比如，听完妈妈给的方法，哥哥在另一件事上，发展出了自己的方法。他边说着"超级赛亚人，收复贝吉塔星"，边模仿七龙珠孙悟空对战的动作，拿走了他不想让弟弟碰的东西。

还有个来做过咨询的小朋友，她发明的办法是走到对方旁边，用胯部轻轻地侧顶一下对方的胯，嘴里说着"超级玛丽，顶砖头，吃蘑菇"，顺势拿回自己的东西。小朋友可有创造力了，只要把基本思路告诉他们，他们有的是办法。

小结：理解共情，维护手足关系

二胎家庭增多，很多父母要面对两个孩子经常吵架的日常。有了本节中讨论的维护关系的方法，我们就不用说"你是哥哥（姐姐），你要让着弟弟（妹妹）"了。越是这么说，哥哥（姐姐）可能越是要逆反。要求一个孩子让着另一个孩子，本质上是家长偷懒的做法，想快速结束两个孩子的对立状态，让自己轻松一点儿。

同样，一味地认为"弟弟真是不应该呀，怎么能动别人的东西"，或者"哥哥真是不应该呀，怎么打人"，这也很有问题。看似是在共情其中一个人，其实是在否定另一个人。任何一方觉得自己被否定时，都会导致矛盾升级。这种"瞎搅和"的另一个极端就是"完全不管"，这当然更不对。试想，一个孩子被打了也得不到安慰，或者已经"诉诸暴力"了也没解决问题，这时他还得不到父母的引导，那得多无助啊！"维持关系"给了我们一个新思路：要理解、要共情，但不是选边站队；要保护手足关系，也要让双方都学会保护自己和尊重别人。当我们有保护自己的自由时，就会有尊重别人的自律。

复习"如你所愿"，练习"维持关系"

1. 面对"弟弟想碰哥哥的鼠标"这个例子，你如何对弟弟的心情和愿望进行正念？又如何教会弟弟"如你所愿"，让他有技巧地向哥哥提出请求，同时又接受被拒绝的可能？先写下你的答案，再参考下面的答案。

如，如实描述："哥哥，你碰都不让我碰你的鼠标。"

你，你的情绪："我不开心，我很失落。"

所，所造成的后果："你越不让我玩，我越想玩，我日思夜想地想玩。"

愿，愿望："你借我玩一局游戏吧，然后马上还给你。"

"如你所愿"可以用来建立边界，让别人不要欺负我们，同时也可以用来为自己争取某些本来不属于自己的东西。用于后者时，我们除了要正念而自信，也要做到愿意让步。如果哥哥提出别的方案，或者就是坚持拒绝，我们也要接受。毕竟，先尊重别人的边界，才能期待别人尊重自己的边界。

2. 你能想到自己的生活中有什么能用上"维持关系"技巧的例子吗？你会如何使用？

第 3 节

孩子被欺负了不会说，怎么办

——用小盒子理解孩子

孩子在成年之前有长达 12 年的求学生涯，如果算上学龄前教育和 18 岁以后的高等教育，时间就更长了。在这么长的时间里，碰到一两个不好相处的同学几乎是一种必然。有时孩子明显被什么事情困扰，但好像又表达不清楚，家长往往会特别着急。在这一节中，我们通过一个临床案例，来探讨解决的方法。

孩子的人际关系困扰

有一位 9 岁的小男孩，我们叫他小维。他爸爸带他来做心理咨询。小维瘦瘦小小的，给我的印象是非常腼腆、乖巧、善良。而他被带来做咨询的原因却是因为在学校写了具有威胁性语言的小纸条，被学校强制要求接受心理辅导。小纸条的大概内容是："我希望我死了，或者他死了，这样我就有理由终于可以活了。我真希望他不要理我呀，有什么东西让他不在我的生活里就好了。"小纸条的口吻是自言自语式的，语法上很稚嫩，情感上却情真意切，甚至透着绝望。

　　咨询前，小维的爸爸和我通过电话。按爸爸的说法，他听孩子讲过，小维很不喜欢某个同学，我们就叫这位同学 Y 吧。问他为什么不喜欢 Y，小维说 Y 总是把老师的遥控器藏起来，而且每次用学校的彩色手工纸都很浪费。爸爸一直没太当回事，就告诉小维，他不用喜欢所有人，不喜欢谁就可以不和谁玩，找自己喜欢的其他同学玩就行了。这样过了快一年，情况并没有好转，小维还是经常说起自己不喜欢 Y，但也没说过 Y 对自己造成过什么直接的伤害。

　　直到这个 Y 同学出现在纸条里。所以这位爸爸特别困惑，问我："小维不喜欢 Y，为什么还总和 Y 在一起？为什么不远离 Y？他为什么写那样的纸条？"小维这么乖巧懂事的性格，却被学校当成一个公共安全的威胁，不做心理辅导就不让他上学，这让小维的爸爸非常困惑，找不到头绪。

　　纸条里透露出的关系明显不是"Y 总做一些我看不惯的事情"这么简单。在父亲在场的情况下，我递给小维一个玩具盒，里面有各种杂七杂八的小文具、小玩具，还有各种稀奇古怪、看似没用的小东西，包括但不限于小卡片、橡皮、书签、小夹子、小玩偶、小木片、小空瓶、马克笔、小球、橡皮泥、便笺纸等。

我问："小维，学校里是不是有个很困扰你的同学？你觉得这个盒子里的哪样东西可以代表他？"

小维立即认真地翻找起来，最后拿起一只填充玩具小狗，说这个是 Y。

我又问："这只小狗的哪些方面可以代表 Y？"

他说："它胖胖的，土黄色，我不喜欢土黄色，它老是在我面前晃。"

我就说："所以这只小狗总是侵犯你的空间是吗？那么这个盒子里有什么东西可以代表你吗？"

小维又认真地翻找起来。最后拿起一个塑料小球，表示这个是自己。

我说："是这个小球吗？它的哪些方面可以代表你呢？"

小维说："没人注意到它，它总是在背景里。"

我问："你常常就是这样的吗？安静地待在背景里？"

小维一手拿着小狗，一手拿着小球，点点头。

我继续问："那么小狗碰到小球的时候会怎样呢？"

小维说："它会对着小球扑过来。"

我说："你能演示给我看吗？"

小维拿着小狗猛地往另一只手上的小球一扑，小球从手上掉落，"啪"的一下掉进了盒子里。

爸爸一直认真地看着小维和我对话，这会儿，我们交换了一个恍然大悟、原来如此的表情。

我接着对小维说："小狗是这么霸道的呀，小球的处境好像非常艰难，那这时候小球会对它说什么吗？"

小维说："不会，因为小球没有嘴。"

我说："所以小球经常不发出自己的声音，是吗？如果小球有嘴，它会想说什么呢？"

小维说："别来烦我，我受够了！"

我和小维的咨询过程先讲到这里，下一节再继续讲我们后续的对话。在这一节里我想说的是，儿童的语言能力还在发展之中，让他们讲述类似这种被欺负的不愉快经历，他们不一定能把前因后果，以及无力感、绝望感这些情绪有逻辑地表达清楚。也许我们能感受到他们不高兴，但问他们为什么、发生了什么，他们却好像总是在说一些我们理解不了的、用逻辑串不起来的事情。这时候，很多人可能会选择否定孩子的情绪，比如说"不用为这种事情不高兴，不理他就行了"或"不用想它了，想点儿高兴的事"。

这么处理，孩子只会觉得自己说不清，而你不理解他，也不想去理解他。他所面对的问题还是没有得到解决。一开始，他可能会反复寻求你的帮助，可能反复求也求不到，各种办法都不能减轻他的痛苦，他就会陷入绝望，后果不堪设想。

这样理解孩子的经历

这样的困境其实很容易避免，使用一些简单的道具就能轻松具象化孩子的经历，弥补孩子在语言表达上的劣势。你可以像我一样，用一个鞋盒大小的空盒收集一些零零碎碎的闲置物品，也可以用几个毛绒玩具，或者干脆用孩子的玩具箱，都能达到类似的效果。

用这些东西只为达到一个目的：理解孩子经历了什么。对孩子的感受、情绪、想法、体验和行动进行理解与认可，这对于儿童的健康成长至关重要。理解就是帮助孩子验证他们所经历的事实。没有理解与认可，我们就无法与孩子建立信赖和亲密的关系，也就不能协助孩子解决问题。

在对孩子进行认可时，要把握六个原则。

1. 关注对方

要放下其他所有事情，身体转向孩子，眼睛看着他们，带着兴趣专注地倾听。

2. 反馈

不带评判地对孩子的话进行复述。比如，孩子说，"我是小球，没有嘴"。你可以说，"你觉得找不到自己的声音是吗？"而不是说"你明明有嘴，为什么不为自己讨回公道！"

3. 体察

因为他们表达的能力有限，所以你要特别体察孩子的表情、肢体语言，和话语中暗含之意。然后向他们确认你的理解。我在小纸条中读到了小维可能正在体验令他窒息的同学关系。我向他确认："学校里有个很困扰你的同学吗？"小维的眼神、表情立即告诉我，我说得很准确，对方并不仅仅是一个他不怎么喜欢的同学而已。

4. 了解孩子

通过使用道具或玩具盒，仔细了解孩子的经历和状态，充分倾听他有这些感受、想法和行为的原因。小狗扑向和打落小球的那一刻，向我和小维爸爸充分展现了孩子内心最真实的感受。这是一段小维被侵犯、被欺压的经历。

5. 承认

对孩子的想法和行为加以理解和肯定，他们的应对已经是用他们现在的认知能做出的最好的应对了，符合他们自己目前所了解的事实，也合乎他们现在所持有的逻辑。比如，我可能会说："小球的处境真艰难，它不说话一定有它的道理。"

6. 进一步帮助

我们的承认当然不能只停留在这里。小维需要进一步发展出可以保护自己边界的人际关系技巧。这个我们留到下一节再讲。

理解和认可是与儿童沟通的前提条件，或者应该说是任何有效沟通的前提条件。不了解情况时，爸爸觉得只要小维不去理 Y 就没事了。但其实，Y "会主动打掉小球"，他在不断挤压和侵犯小维的安全空间。由于儿童的语言表达能力还在发展之中，孩子表达不清自己的真实想法和感受时，我们不能急躁，也不能放弃，更不能责怪孩子讲不清，而是要有创造力地想一些办法帮助我们更好地理解他们。递给孩子一个能把事情具象化的小盒子，就能让孩子感受到我们的在乎和温柔。有了被认可和被理解的经历，孩子就会信任我们，以后再遇到什么困扰就愿意告诉我们，这样，我们才有机会发现他们需要发展的技能。比如，对小维来说，他需要的可能是坚持自我、维护自己的技能。得到了理解与认可，孩子会感受到亲子关系中的自由，这种自由感是土壤，孩子在这样的土壤中会生长出勇敢设置自己边界的坚定。

第 4 节

害怕冲突，不会表达、压抑自己

——让孩子学会自我尊重

上一节，我们讲了临床案例小维的故事，以及怎样帮助处在语言发展过程中的儿童表达引发激烈情绪的事件。小维在学校里经历着一段令他窒息的同学关系，他一直用沉默和压抑默默地忍受着。在这一节中，我们继续讨论小维的案例，讲一讲如何帮助小维找到自己的声音，走出阴霾，摆脱困扰他的关系。

学会表达，尊重自己

在进一步谈话中，小维分享了 Y 做过的一些事情。比如，Y 会在体育课结束，大家要换衣服、换鞋时走到小维旁边，用很大的声音贴着他的耳朵说："你要换鞋啊！"搞得小维莫名其妙："我正要去换鞋呀，还用你说？！而且说这么大声干吗？我又不聋！"可这些话小维并不会说出口，只是在心里想一想。虽然 Y 的行为让小维非常厌烦，甚至感到被羞辱，但话到嘴边，小维不仅说不出来，甚至有时会说出"呃，对不起，我知道了"，与心里想的完全相反。

这种事情反复发生，这样的压抑累积了近一年，最后就有了小维写的"真希望他死了，或者我死了"那张纸条。这张纸条吓到了学校，但老师和学校都没有真正去了解小维的处境。再加上 Y 一直受到老师和同学的欢迎，小维在学校就成了威胁学校公共安全的问题学生，这当然进一步恶化了小维的处境。

小维在班上也有一个好朋友。但即使和好朋友相处，有时也让他感到压抑。细问起来我们发现，当好朋友和小维想玩的东西不一样时，小维不敢提出自己的要求。好朋友想让小维陪伴时，小维即使不在那个状态也不敢拒绝。慢慢地，小维的任何一段关系好像都会变成他的精神负担。

避免冲突、压抑自己的需要、迁就别人的要求，甚至纵容别人的不当行为，是小维一贯的人际关系模式。这种行为模式的成因和小维心理深层的想法，需要专业的心理咨询师进行分析和辅导。在这一节中，我们只讨论改变这一人际模式的方法，也就是辩证行为养育法中"尊重自己"这一技巧的使用。

我（问小维）：体育课换鞋这件事，让你非常不舒服对不对？

你当时最想告诉他什么？

小维：不要拿我当傻子，我知道该怎么做，我明明已经在换鞋了。而且不要对着我的耳朵喊那么大声，我的耳朵痛死了！

我：你说得真好。是什么让你当时没说出口呢？

小维：我不敢。我怕老师、同学都以为我是制造麻烦的那个人。

我：所以你害怕冲突，你想做个不惹麻烦的乖小孩，是吗？

小维：是的。

我：你有没有发现，你用隐忍的办法做个不出声的乖小孩，结果情况越来越糟，最后反而是你成了学校认为的问题小孩？

小维：是的，那我应该怎么办呢？

我：有时你会习惯性地说"对不起"，但事后这会不会让你心情更不好？

小维：会。

我：你要做的第一件事就是，在自己没做错事情的时候，不要说对不起。

小维：那我能说些什么呢？

我：如果有人用 Y 对待你的方式对待 Y，你觉得他会怎么办呢？

小维：Y一定会说"我知道你这么做，就是想让我看起来很
　　　傻，让自己看起来聪明。你给我马上停止"。

　　我：他这么做的话，会有麻烦吗？

小维：不会，因为是别人有错。就算会有麻烦，Y也不在乎。

在这样的引导下，小维发展出了自己的语言："你不能用震
疼我耳朵的音量对我讲话，也不要总是告诉我一些我已经知道的
事情。我知道你这么做就是想让我看起来很傻，让你自己看起来
聪明。但是我告诉你，我不允许你这么做。你现在就给我立刻
停止！"

　　我：和你的好朋友在一起时，他想玩抓人游戏，而你想画
　　　画，你为什么没有告诉他呢？

小维：我觉得他不会听我的，如果我坚持，我怕我会变得不耐
　　　烦，他可能就不喜欢我了。

　　我：你想维持住你们的关系，对吗？但你有没有发现，用这
　　　种方式越来越难维持了？

小维：是的，我越来越不想跟他待在一起了。

　　我：也许我们需要事先想好一种说法，不会显得我们不耐
　　　烦，又能表达我们自己。"我想安静地画一会儿画，我
　　　画完再来陪你玩抓人游戏吧。你要不要陪我画一会

　　儿？"这么说你觉得怎么样？

小维：这么说我会紧张得要死。

　我：有时候让我们紧张得要死的事情，并不会让我们真的死。

小维：好吧，你说的可能是对的吧，我想我可以试试。

　　当然，真的做到有勇气直面冲突、把这些话说出来，小维还经过了一些练习。但"尊重自己"这个技巧在这个过程中极大地帮助了他。

　　"尊重自己"指的是在人际关系中，以能够保持或增加自我尊重的态度来行事。当我们需要提出要求、表示抗议，或者拒绝对方时，应该采取一种能达到目的，事后想起又能喜欢和尊重自己的方式。

如何做到尊重自己

　　这个方法包括四个部分：公平对待、不要道歉、坚守价值观、保持真诚。

公平对待

　　我让小维换位思考：如果他是 Y，会允许别人欺负自己吗？这样的引导是为了让小维看到，他一直都对自己不公平，他一直没有给予自己他应该得到的尊重、安全、保护。第一个"尊重自己"的技巧就是对自己和对别人都要做到公平。总是占别人的便宜、利用别人，会伤害我们的自尊。同样地，总是让步，不去捍卫和维护自己的愿望和看法，我们也会很难喜欢自己，别人也很难喜欢我们。对小维来说，总是把别人的需要放在自己的需要之前，最终不可避免地会导致自己产生不满、愤懑的情绪。

不要道歉

这里的不要道歉，指的是不要过度道歉。比如，不需要为自己活着和自己的存在本身道歉，不需要为自己的想法和感受道歉，也不需要为提出保护自己的要求或有不同意见道歉。小维面对冲突，有时候不知道该说什么，就习惯性地道歉，这是首先需要他去觉察和避免的。为没有做错的事情道歉，会降低一个人的自尊和对生活的掌控感。我们在第二章第 4 节中讨论过，"对不起，请原谅"是一句具有魔法的话。"不要道歉"看似与"对不起，请原谅"完全相反，但就像所有辩证智慧里两极的融合一样，用得恰当时，它们都能起到维系自尊的作用，而用得不好时，也能破坏自尊。所以，从这个角度看，它们并不是反向的力，而是同向的力。

坚守价值观

坚守价值观指的是，不要为了让别人喜欢自己，就放弃自己的喜好或需求。

要帮孩子看到：是的，我们当然希望别人喜欢我们。要做到这一点，我们就要先喜欢自己，或者说要认可自己是一个值得被喜欢的人。一味让步和牺牲，恰恰把方向走反了。有时候，我们要达成一个目的，就要有策略地逆着直觉行事。比如，想要维系一段关系，但一味让步却会慢慢腐蚀这段关系。这种腐蚀性的变化可能很微小，但它最终却可以毁掉任何一段关系。再有，小维的价值观还包括，不想让自己看起来是个挑事的、制造麻烦的孩子。而维护这个价值观的办法也必须是把冲突解决在萌芽阶段。要帮孩子看清，逃避面对冲突和不同的意见，只会让冲突变得越来越大，这违背了他的目标。

保持真诚

所谓保持真诚，就是对自己诚实并承担起自己的责任，比如，保护自己、为自己划定人际界限的责任。真诚也包括对事实诚实，或者说不夸大事实。在维护自己时，情绪心可能会让我们感到害怕，比如，小维说"我会紧张得要死"。这时，我们要动用理性心面对事实：我们的要求是合理的，我们不会陷入麻烦。真诚也包括，如果事情不至于让我们陷入绝境，就不要让恐惧控制我们，不要下意识地对自己扮演无助。所以，即便小维很紧张，我也还是要推他一把，让他亲自去体验，维护自己并不会真的让自己"死掉"。夸大事实和扮演无助的习惯会吞噬我们的自尊，让我们对生活越来越没有控制力。控制力和掌控感体现的是主动的姿态，而习惯性的逃避体现的是被动的、托管的状态。

自我尊重是我们应该教给孩子的，更是我们应该在自己的生活中践行的。心理学家、畅销书作家布伦·布朗女士说："当我们以牺牲自己为代价答应某些事情时，就会降低自己的价值感。"我们要告诉孩子，没有人能拿走我们的自尊，除非我们自己放弃。虽然有时候，为了别人放弃自己想要的某些东西也能有效地增加自我尊重，但这样做的前提是，孩子已经能熟练地运用多种人际技巧，有多个选择，放弃这些东西不是迫于某种压力，而是发自他内心的决定。对小维来说，他需要先学会聆听和尊重自己的声音，然后再去尝试诸如"维持关系"所涉及的尊重他人意愿的技巧。

同时，我们不能忘记，帮助孩子发展自我尊重技巧最有效的方法，是鼓励孩子向我们表达不同的意见，允许他们对我们说"不"。用辩证行为的框架指导我们对孩子的养育，能帮我们解决各种棘手的育儿难题。要同时做到尊重他人和尊重自己，这对我们成年人来说，有时都是一个挑战，所以，当孩子碰到人际困难时，更需要我们的引导。帮孩子跳出非此即彼的思维模式，平衡自己想要的和对方想要的，这样，孩子就能有效地发展出自我尊重的品格。

练习理解孩子的经历与自我尊重技巧

1. 你允许孩子拒绝你，对你说"不"吗？请以"不对自己和他人的安全造成危害"为准则，思考哪些事情是你可以允许孩子对你说"不"的，并特意在这些事情上练习认可并允许孩子拒绝你。

2. 请用小维的案例练习"如你所愿"。

3. 请用第五章第1节的案例设想，如果你是乔，你将如何使用"自我尊重"？如果你的孩子是乔，你又会如何帮助孩子使用"自我尊重"？

4. 在你的生活中，有哪些事可以练习"如你所愿"，或自我尊重？请记录你的练习。

孩子总喜欢打小报告，怎么回事

辩证行为养育法里有很多独立的技巧，所有这些技巧都有一个辩证、统一、融合的核心特质。同时，辩证本身也是一个独立的技巧。而且，这个技巧的应用非常广泛，不仅可以用在育儿的方方面面，也可以用在我们成年人各种各样的人际关系中。这一节，我们就借助一个家庭咨询案例讨论一下辩证技巧。

如何运用辩证技巧

有一位家长向我咨询，她有一对 6 岁的双胞胎儿子，叫小壮和小北。他们总喜欢打对方的"小报告"，而且这种行为越来越频繁，涉及的事情也越来越琐碎。

玩耍的时候，他们会说：

"妈妈，小壮在沙发上跳！"

"妈妈，小北也跳了！"

吃饭的时候会说：

"小北把蔬菜都拣出去了。"

甚至连睡觉的时候也停不下来：

"小壮在说话，他没有安静地躺在床上。"

打"小报告"有时候也叫告状、告密、说闲话。这样的行为在孩子的社交中也常常被人不齿，因为它的本质是想让对方有麻烦，或者说想通过让对方有麻烦来满足自己的某种需求。它和寻求帮助有很大的区别，我们要注意区分，孩子对你讲其他小朋友的事情，是遇到了他自己解决不了的问题，还是他需要帮助，或是想让对方陷入麻烦？

如果是孩子有自己解决不了的人际困扰，你就一定要认真倾听，及时帮助孩子发展出合适的人际能力。但如果他只是想让对方陷入麻烦，你就要找到某种平衡：既不能让孩子觉得他有事不能告诉你，或者你对他的事不重视，也不能纵容这种为了满足自己就给别人制造麻烦的行为。

我问这位妈妈，她一般会怎么处理。她说，自己的心情很矛盾，觉得这种"小报告"好像有哪里不对，但很多时候都被事情本身绕进去了，就去指责或处理那个被打小报告的孩子。

比如，她真的受不了孩子在沙发上跳或在沙发上吃东西，或者吃饭挑食、睡觉拖延。孩子好像也总能很精准地踩在她最敏感的神经上。她也对打小报告的一方说过，不要打"小报告"，这样不好，但是收效甚微。

我和这位妈妈聊了一番，让她回去尝试一套新方法。她的试验结果如下。

小壮：妈妈，小北又在沙发上跳。

妈妈：他受伤了吗？

小壮（有点意外）：……没有。

妈妈：在沙发上跳很好玩，但小壮做到了没去跳。小壮真棒！

小北（听到这话马上不跳了）：妈妈，我也不跳了，我也真棒！

小壮（一脸不服气）：可你刚才跳了。

妈妈：小壮，你觉得小北听你这么说，他会怎么想呢？

小壮（马上低下了头）：小北不听话，可他比我更开心。

小北：你也跳了！

小壮：我没有！

小北：你昨天跳了，今天还把一箱小汽车倒在小房子上，那是我刚搭好的房子！

妈妈：小北，小壮，在有弹性的东西上跳很好玩是不是？除了沙发，你们想想还有什么能跳？

小壮：床。

妈妈：除了家里的东西呢？

小壮：公园蹦床，还有游乐场里的跳床。

小北：西西（小北同学）家也有一个小的跳床。

妈妈：你们的办法真多，这几个地方我们以后都可以去。你们现在可以把沙发垫放在地上，在垫子上跳，这样就不怕沙发的弹簧被跳坏了。

两个人就这样又疯玩了起来。

所谓辩证就是融合相反的力，而宇宙中充满了对立面和相反的力。有一个盒子，就一定存在一个"非盒子"。辩证告诉我们，对立的两个观点可以同时存在，并且可以都是正确的。上面这个故事里就有一组辩证的矛盾需要我们去统一。我们要让孩子知道，打小报告不是一个受人欢迎的行为。同时，孩子也需要感到我们是安全的，小到他们的心情感受，大到别的孩子做出的危险行为，他们都可以也应该及时告诉我们。尽管如此，他们也不需要用打小报告来影响我们，或者用这种方式获得我们的认可。

明确谈话对象

既不呵斥小北"不要跳了"，也不粗暴地让小壮"不要告状了"。如何完成这样的统一呢？"第三种可能"也许就是和小壮进行真诚的谈话。其实这位妈妈有一种很好的直觉，就是孩子打小报告的内容其实只是个干扰。例如小壮打小北的"小报告"时，她明白真正重要的是小壮——正在和她讲话的孩子。除非小北正在做很危险的事情，否则不要让他过多、过早地分散我们的注意力。问一句"小北受伤了吗？"，一是确认孩子的安全，二是帮助小壮思考事情的严重程度。

孩子也喜欢用"小报告"来应对"小报告"，所以小北会说"你昨天跳了，今天还把一箱小汽车倒在小房子上"。这时不要被绕进去，只要第一个"小报告"解决了，后面的都会不攻自破。如果这时候我们去质问小壮："你为什么破坏小北的房子？"问题一下就复杂了。小壮会辩解，而小北会不服气，接下来会有更多枝节出现，谈话就没有尽头了。

承认孩子的感受

明确了谈话对象，怎么做到辩证统一呢？以小壮为例，可以从思考他的感受开始。为什么他想要告状、想让小北有麻烦？是不是他自己遵守了规定，对方没有，他觉得不公平？是不是他自己也闯了祸，为了分散妈妈的注意力把别人"拉下水"？或者，是不是我们告诉过孩子，要及时让我们知道他们觉得重要的任何事情，而所谓打小报告，只是孩子在做他觉得自己应该做的事情？在要求孩子不要打小报告之前，我们要先搞清楚孩子的感受和意图，在满足他的心理需要之后，问题就会迎刃而解。对小壮来说，他遵守了"不跳沙发"的规矩，而不守规矩的小北还向他炫耀，小壮需要得到某种公平。

用表扬代替批评

实现这种公平，要表扬小壮"做到了"，而不要去批评小北"没做到"。表扬小壮符合前文中提到的"明确谈话对象"原则。既然是小壮在打小报告，说明他需要得到些什么。我们搞清楚他需要什么，比如认可、鼓励、表扬、安慰、保护，然后直接给他，尽量不要卷入第三方。事实证明，小北听到小壮被表扬，也想得到同样的表扬，马上停止了跳沙发的行为。如果一味地批评小北，恐怕很难得到这样的效果。

鼓励同理心

孩子在被理解、表扬、保护之后，才有去理解别人的心理基础。这时候问他，"你这样说，对方知道了会怎么想呢？"或"如果有人喜欢打你的'小报告'，你会不会不敢和他玩了？你希望小朋友不敢和你玩吗？"孩子就更容易接受了。

强化解决问题的能力

如果孩子不需要借助第三方就能自己解决问题，他也就没有打小报告的必要了。所以，可以引导孩子思考：你可以怎么阻止对方？还有什么别的玩法？这样也有助于孩子发展出更成熟的解决问题的能力。

小结：孩子只是迷失在情绪里

孩子打小报告这种行为，不只会出现在多孩家庭里，也经常出现在学校、幼儿园，以及亲戚朋友的聚会上，困扰着很多成年人。无论是自己的孩子说别人家的孩子不好，还是别人家的孩子说自己家的孩子做了什么，都会挑动家长们敏感的神经。如果自家或亲戚朋友家昂贵的物品还受到了威胁，或者孩子造成了难以清理的现场，更会挑战我们的理智。情绪心占主导的时候，我们就容易跳起来指责某个孩子。但这其实是无效行为。我在这里介绍的辩证技巧可以帮助我们找回智慧心，用澄明的心看到，每个打小报告的孩子，其实只是迷失在情绪里，我们要用爱与理解呼唤他们回归纯真的自己。

把他的话反着用，在育儿过程中就能培养出一个自律的孩子。要想孩子自律，不能一上来就对其进行约束。所有的要求都被别人提完了，孩子哪里还有给自己提要求的余地？我们反而要从自律的对等面——充分给予孩子自由做起。很多家长对自由谈虎色变，但《自由的孩子最自觉》一书的作者尹建莉说："自由的孩子最自觉。自由，绝不是想干什么就干什么，甚至胡作非为——这恰恰是不自由的表现——真正的自由不是放任，而是给孩子选择权、尝试权和犯错权，使孩子获得成长所必需的生活经验，去成为他们想成为的人。"

第六章

培养自由且自律的孩子

自律等于自由。

——约克·威林克

以上是对待孩子的方式。而我们对待自己时，要想在育儿过程中获得得心应手的自由感，就要先做到自律。在前面的五章中，我们一直在讨论，要战胜情绪心、融合理性心，敦促自己练习技巧，时刻叩问智慧心。要做到这些非常不容易，这就是要求自己自律的部分。

要求自己自律，给予孩子自由，一个自律的孩子就"水到渠成"了。

第 1 节

先理解孩子，再指导孩子

——用正念技巧培养孩子的内驱力

为什么我总是忍不住指导孩子

在我儿子嘟嘟 5 岁时，我给他报了足球班。我当时满怀期待，觉得"他会成为运动健将吧！"很快就迎来了他们球队的第一场比赛，我们全家都很兴奋地去观看了，我也很快就知道了什么是 5 岁小朋友们的足球比赛。嘟嘟连踢球要用脚弓位置都还不知道，总是用脚尖踢球，于是他不是踢不到，就是踢到了，球也没怎么动。在场上他几乎碰不到球，偶尔球正好滚到他脚底下，他也带不起来，一眨眼球又丢了。

不仅如此，我感觉他甚至分不清谁是队友、谁是对方球员。有时候队友的球他也去抢，有时对方球员眼看就要进球了他也没动。好在，好像所有小朋友都非常开心，他们跑得完全不惜力气，虽然在我看来很多都像是在"一窝蜂"地跟着球跑。虽然我也知道，这对于刚接触足球的小朋友来说再正常不过了，但我还是忍不住在场下指手画脚、喊东喊西。终于，在看了一场又一场这样的比赛之后，我对孩子发了一顿很大的脾气。

孩子那种单纯的开心，反而让我越看越生气："踢成这样还傻乎乎地开心，简直没心没肺！你怎么这么不要强、不努力！？不努力、不认真的人能有什么出息？你觉得跑来跑去就好玩儿了？光好玩儿就行了吗？你知道你在干什么吗？我花这么多功夫接送你、陪着你，你这么踢球，就是耽误所有人的时间！"

我的情绪发展到这儿，已经不受控制了，说了很多伤害孩子的话。更重要的是，这样的发火一点儿效果都没有，嘟嘟的足球水平没有丝毫进步。于是，我又发了第二次、第三次同样的火。之后，孩子就开始对足球有了一些抵触情绪。他不仅没了之前全身心享受的状态，还会问我能不能不去参加足球比赛，如果不得不去，他就会问"那么妈妈能不能不生气？"即使去了，他也踢得缩手缩脚，还不如从前。直到这时，我才开始反思自己，我似乎把提高技术和玩得高兴对立了起来。我觉得，只觉得好玩，就无法提高技术，而要提高技术，就不能只觉得好玩。结果却"竹篮打水"，我什么都没抓住。

于是，下一场比赛时，我一句指手画脚的话都没说，只是加加油、鼓励一下孩子，并且用手机录了很多视频。比分是"惨不忍睹"的 1 比 9，不过，比赛完我同样也一句指责的话都没说。

我先问孩子："你有多喜欢足球？""特别喜欢！""你喜欢足球的什么？"我以为他会说进球，结果他说："跑来跑去跑得很快，还有休息的时候大家一起吃零食。"我虽然特别无语，但也看到了我们俩想法上的差距。"那什么会让你踢得特别起劲？""你们（爸爸妈妈）给我加油。""什么会让你不想好好踢呢？""你让我一定要进球，我觉得我进不了。"

我觉得这时自己才开始慢慢了解孩子的真实想法和我之前的不切实际。其实，这个年龄的孩子能知道足球不能用手碰都是一个飞跃，他享受的是身体的运动本身，以及和小朋友们相处的时光。

接着我们一起看了我手机里的录像。看的时候我只说他哪里做得好："这里跑位很对，利于队友传球给你。""这里起步果断，方向也利于绕开对方。""这里传得好，不容易被别人截走。"他的抵触情绪明显缓和了很多。如此经过几次，再看录像的时候，我加进了一些建议："这里再快一点儿就更好了。""这里可以果断射门了。"他也都欣然接受。他的技术水平当然还是达不到我之前的设想，但是他在稳步提高。技术上的提高激发了他对足球更大的兴趣和热

207

情，这时候我再告诉他，"你努力认真地踢，踢得越来越好，就会觉得越来越好玩儿"，他也很容易接受。

用正念技巧养出一个自由且自律的孩子

本书一开始，我们就讨论了智慧心和正念中的观察、描述、不评判。要养出一个自由且自律的孩子，还是要靠这些反复讲过的技巧。在这一节中，我们就再来剖析一下正念技巧的使用方式，因为正念是辩证行为养育法的重中之重，它贯穿着所有技巧，是一切理念和技巧融合统一的基础。

正念可以帮我们平衡情绪心和理性心，以及很多看似相反或矛盾的事情，来实现智慧心指导下的行动。很多人看到正念可能会想到盘腿打坐。虽然冥想入定可以帮我们找到正念的状态，但正念不只是冥想，它不是一种做事的方式，而是一种存在的方式。

正念的核心是观察，有意识地将注意力集中在当下，不带任何评判地全然接受当下所发生的一切。我用正念的心观察到了孩子对足球的抵触和退步的表现，而如果没有正念，我可能会假装看不见这种抵触和退步，或者看见了也会想"你在抵触什么？还不赶紧奋起直追"，而正念的观察就是全盘接受现实：在当下这场比赛中，孩子本来的水平是什么样就什么样，不去对抗它。这样，我才能真正静下心，听听孩子对足球的真实想法，才能忍住不在场下吆三喝四地指挥，才能针对一场存在很多问题的比赛，说出孩子在哪些地方表现得好。

在非正念的心境中，我看比赛时想的是："怎么没有早点儿给他报足球班？要不现在也不至于踢成这样。"这是活在过去的表现。我还在想："他怎么踢得这么不卖力？做事不认真，以后恐怕一事无成啊。"这是活在未来的表现。我的心似乎活在许多时间点，可唯独不在当下，也就看不到孩子对当下这个经历的体验。我看不到他那种撒欢儿的发自内心的快乐，更重要的是，也看不到他其实已经尽力了。我想看到的那种状态，是他不理解也无法自行做到的，而我忙着吼他，也就不可能帮他理解和做到。所以，我们作为家长，不能给自己发脾气的自由，而是要用自律约束自己，越过情绪，做到正念，使用智慧心。

后来我才知道，他抢断时总是先停顿一下，是因为害怕把对方绊倒；他接到传球，起跑时也停顿一下，是因为害怕自己摔倒。他因此把很多明明可以轻松抢过来的球丢了，把明明该稳稳控制住的球也丢了。以我的情绪心看到这些让我特别着急、特别失望，我觉得他没尽全力去踢；但用理性心我才看到，孩子有着真实的顾虑，而他本身那些美好的品质，只是在特定环境下没能以最好的方式运用出来。两"心"结合，我才把原因问明白、把其中的要害讲明白，问题也才有了解决的可能。

靠着正念，我实现了智慧心，找到了既接受现在，也能帮孩子提高技术的方法，还平衡了孩子玩得开心和努力拼搏这两件看似对立的事情。使用正念技巧，能帮助我们抛开干扰我们的虚荣、担心、恐惧、懊悔等情绪，真正睁开眼睛看到当下，看到事实本身和孩子本人。我们要先知道孩子在哪儿，然后要到他所在的地方，在那里才能陪着他一起往前走，而不是站在我们想要的终点，指责、质问孩子："你怎么还没到达那里？"

正念的反面是混沌、习惯或机械的行为，是拒绝、压抑、阻塞和执念。而在正念状态中，我们的心是清醒而灵活的，是温柔而坚定的，智慧心也是触手可及的。

练习正念

1. 你怎样理解"正念不是一种做事的方式,而是一种存在的方式"? 正念可以在任何时候练习,你会怎样练习?

2. 假设你的孩子被别的孩子打了小报告,或者你的孩子打了别的孩子的小报告,你将如何运用正念?

第 2 节

孩子做事磨蹭拖沓，怎么办

——列任务清单

　　每个正在养育学龄儿童的家庭，大概都免不了围绕丰富的功课和课外活动忙碌。对家长来说，这意味着在繁重的工作和家务之外，还要做很多非常耗费时间和精力的事情，比如频繁地接送孩子、对每门功课和活动进行督促，等等。对孩子来说，这也对他们的时间管理能力提出了要求。上二年级的女孩苗苗就是这样，她的妈妈是我们线下育儿培训班的学员。培训期间，她妈妈分享道，她希望苗苗能养成抓紧时间的好习惯，做事不要磨蹭拖沓。让我们一起看看，经过在培训班的学习，她妈妈用什么样的智慧解决了这个难题吧。

放学后，如何让孩子自觉完成功课

妈妈说："苗苗放学后有好几门功课要做，还要练习小提琴。而且，这些事情必须抓紧做，因为接下来还有滑冰训练。滑冰之前还要留出吃饭、换衣服和在路上的时间。滑完冰比较疲劳，时间也比较晚了，再让她做强脑力劳动可能就不太现实。"

妈妈的头脑每天都这样飞快地盘算着，越算越觉得时间很不宽裕。她自己就得做到，一下班就得看好时间接孩子、让晚饭准时上桌、吃完饭准时出发……对一位雷厉风行的母亲来说，要做到心中有数、知道总共有哪些事、每件事需要多长时间，一边做，还要一边在心里有个全局的安排，保证在需要的时间内把事情做完，是很自然的事情。她也理所当然地认为孩子心里应该也有这样一把算盘。所以，对于苗苗"推一下才动一下"、做题磨磨蹭蹭、练琴东张西望、说好休息 5 分钟但拿起游戏机就放不下来，或是当妈妈忘了提醒她就一直看动画片等表现，妈妈很着急。

苗苗的妈妈说："而且她今天如此，明天还是如此，我日复一日地耐心提醒她，希望她养成好习惯，可她还是老样子，我非常崩溃！有时候说多了我也烦，我就想，'我就不提醒你，看你该出门的时候怎么办'。当然，一般还是我忍不住，最后还是会说'该出门了，你衣服还没换呢！'然后孩子再手忙脚乱地换衣服。而且，我催苗苗的时候，她会特别焦虑，可怜巴巴地问我，'妈妈，我还是小乖乖吗？'我就特别不耐烦，我怎么还说不得她了？！"

我说："所以你一催孩子，孩子就会对你的爱产生怀疑，怕你不喜欢她、不接纳她。"

她说："是啊。我不说她，她意识不到问题；可我一说她，她就觉得我不爱她。这可怎么办呀？"

我说："指责和不满会让我们站到孩子的对立面。我们把自己放在审判官的位置上，虽然可以审判对错、提出要求，却不能帮助孩子朝目标靠近。孩子只会感到无力——'我不符合妈妈的要求，我想让自己符合要求，但做不到，看来我就是不好。'她也对自己很失望，时间长了，潜意识里就觉得自己是个失败者。这样的自我认知只会让孩子更做不好，继而进一步确认'我就是不好'，形成恶性循环。"

她说："那我该怎么办呢？我也试过不审判她、不管她，也行不通呀。"

我说："她需要的也不是一个'甩手掌柜'。她需要一个同行者，一个不回避问题、可以和她一起想办法的人。"

经过一番讨论，妈妈把自己放进了这个新角色里。她的做法是，拿上一个小本子和一支笔，把苗苗搂过来坐在旁边。

她对苗苗说："我们现在有一个挑战对不对？就是在滑冰训练之前做完你要做的事情。"

苗苗马上把头低了下去，只轻轻地"嗯"了一声。虽然妈妈的态度很好，但她还是拨动了苗苗生怕妈妈对自己不满的敏感心弦。

妈妈说："这是个难题，我们能不能一起想办法来解决这个难题？"

苗苗感受到了与以往不同的氛围，头不再低着了，眼神里有了期待。孩子也是很希望自己变好的。

妈妈拿起笔："我们来玩个头脑风暴，想到什么办法就写下来。在头脑风暴的时候，我们不拒绝任何想法，即使它非常离谱，我们也把它写下来。因为即便是不好的办法，也可能会触发灵感，帮我们想到好的办法。"

这时候，苗苗已经完全被调动起了积极性。她们一起想出了下面这些办法。

- 先看电视，看完就不再惦记看电视了。

- 列一个清单，写出每天需要做的事情。

- 听姥爷的安排（因为姥爷与苗苗一家同住，当爸爸妈妈顾不
   上时，会让姥爷帮忙带苗苗）。

- 用厨房闹钟给休息时间定时。

- 在休息时间玩 5 分钟游戏。

- 在休息时间吃水果和零食。

确定想不出其他办法了，她们就进入了下一步。

妈妈说："接下来，我们从这个清单里找出最能帮到我们的办
法，划掉不能用的办法。"

妈妈把"列任务清单"这个办法讲出来时，苗苗表示非常愿意
接受。苗苗这个年纪的孩子，还并不能像我们成年人一样，同时在
头脑里盘算好几件事情。"她需要列一个清单，"妈妈说，"这是我
之前一味催她时忽略了的。"所以，列清单是第一个被保留的办法。

然后，苗苗表示要划掉"听姥爷的安排"这一条，因为姥爷比
较宠爱她，让她照着姥爷的要求去做需要花费努力的事情，她知道
自己是不会做的。

妈妈说："先看电视这一条要划掉，因为根据经验，你一看动画片就很容易忘记时间，后面的事情就都没有时间做了。在休息时间玩游戏也是同样的道理，但你可以吃水果、吃零食，并且要定好闹钟。"

接下来，妈妈和苗苗共同整理了一张表格，罗列了每天放学后需要做的事情，然后把她们都认可的时间管理办法也写了上去。把这张纸放在课桌附近后，苗苗的时间管理能力有了明显的改善。

这个案例里也充满了辩证和智慧心。妈妈之前在两个极端之间摇摆，不是事无巨细地催促和批评，就是赌气放任不管。智慧心帮她找到了"同行者"这个角色，它是既非审判者也非缺位者的"第三种可能"。这使妈妈找到了不会引起孩子抵触和反感的干预方式。

辩证行为养育法的小技巧：问题解决

这个案例中还运用了辩证行为养育法的一个技巧：问题解决。这个技巧分为四步。

1. 确定目标

目标应该简单明了，并且实际可达成。在放学之后、滑冰之前，完成具体的几件事情，这就算清晰可执行的目标。目标不能是

"抓紧时间""集中精力"这种太笼统的东西。

2. 头脑风暴想出大量的解决方案

尽可能多地想出解决问题的办法，并且全部列出来，一个都不要拒绝。当孩子提出"先看动画片，看完就不惦记了"时，也许你想当场否决。但不要这么做，而要把它先写下来。因为，在头脑风暴这一步，需要让孩子在心理上有安全感，这样孩子才能天马行空地想出更多的办法。一旦否决某个办法，你就又回到了审判者角色。而作为同行者，你只需要激发彼此的想象力。

3. 选择解决方案

对于一个无法一下子想到解决方案的问题，头脑风暴是个必经而有趣的过程，但也只是过程。有了很多办法之后，就要选出一两个最佳方案。挑选的原则是有用且可执行。列任务清单、在休息时间吃水果和零食，以及定闹钟，都符合这两个原则。相比之下，"先看电视"就属于没用的办法，而"听姥爷安排"可能属于不好执行的办法。

4. 执行方案并评估

因为解决方案是经过缜密思考之后得出的，所以它们大概率能收到效果。但我们也要对效果进行持续的评估。对问题解决的成效满意吗？有负面结果吗？第一次努力就算没有完全解决问题，也可能改善了状况，而继续调整，或许就能获得更满意的结果。

就如第三章第 4 节中提到的，我们不要趴在洞口，对掉进黑洞的孩子进行质问，这个坚硬的姿态就像毫无生命的石头；我们不要出现在孩子的上方，这个地方对我们来说很被动。审判者只能用往上提、往上拉的方式揠苗助长。我们要把自己的位置降下来、态度柔和下来。我们要出现在孩子身边，甚至成为他们脚下的阶梯，使他们在自由中实现自律。

对苗苗来说，在时间管理的问题得到改善之后，她对课余时间的安排和利用又出了问题。所以，妈妈和苗苗进行了第二次头脑风暴，专门解决课余时间的管理问题。这一次，妈妈对"同行者"的身份更熟悉了，对扮演同行者也更有信心了。事实证明，管理好自己的时间也是孩子主观上想做到的，她不是故意做得不好，而是需要方法和支持，去实现那个"好"。

第 3 节

如何让孩子学会自我管理

——培养自我掌控感

前一节中讨论的孩子磨蹭拖沓的问题，我们可以尝试以同行者的身份，用确定目标、头脑风暴、选择方案、执行方案四个步骤来帮助孩子进行管理。8 岁女孩苗苗在经过这四个步骤之后，完成作业的速度明显改善，基本能一鼓作气、不拖泥带水地高效完成四五件事情。然后，问题又来了。事情都做完了，但苗苗在休息时间总是被游戏、电视和视频吸引，而且是那些在我们看来毫无营养的东西，比如给洋娃娃换装或给新玩具拆盒的视频。

当下是一个信息和算法爆炸的时代，很多视频、很多 App 都经过精巧的设计，目的就是让人"拿起就放不下"，连成年人都很难抵抗它们的诱惑。我们的孩子生活在这样的时代，和我们儿时的经历很不一样。我们一方面要与时俱进，了解孩子的喜好，理解孩子被电子设备吸引是很正常的，另一方面也要用合适的方法对孩子进行引导，不要让他们在很小的时候就大量体验失控感和无力感。

做孩子的同行者

妈妈说："按照家里的规矩，苗苗只有周末能玩一小会儿游戏、看一集动画片或少量视频。但现在，我们一质疑，苗苗就会说'我作业都做完了'。这句话说得我们进退两难。6 点做完事情，9 点睡觉，总不能玩 3 小时游戏吧？我们提醒过很多次，感觉苗苗是知道规矩的，但游戏和视频的吸引力太大，她很难抵抗住诱惑。有好几次，能看得出来，她是听到我的脚步声走过来，才赶紧关了电视或电脑，假装若无其事，又难掩心虚，手舞足蹈地说'妈妈，我要去看书了'。"

但妈妈没有戳穿她，也没有责怪她，只是假装没看见，说"好的"。苗苗的表情和神态说明她知道是非，也知道自己做出了不那么好的选择。苗苗不需要一个审判者，因为她已经有负罪感了，只是她还做不到自我管理，所以她需要一个同行者。

做同行者的第一步是先去充分了解孩子的喜好："这个新玩具拆盒的视频拆的是哪套玩具呀？苗苗为什么喜欢看人家拆这套呀？你看的新玩具拆盒视频好像有相似的地方，苗苗是不是喜欢……类的主题……"

记得我儿子嘟嘟有段时间迷恋爆旋陀螺游戏（就是让两个陀螺同时在一个塑料盒子里转起来，然后看它们互相碰撞，哪个最后停止旋转，哪个就赢了）。那段时间我总是看到他浏览介绍爆旋陀螺的视频。在不了解的时候，我觉得：这有什么好看的？听他给我介绍过我才知道，陀螺分为攻击型、防御型、持久型好几种。每个陀螺还分别有能量层、锻造片、性能末梢等好几个部分。每个陀螺的这几个部分都可以拆开，然后重新组合。一个人要根据对手使用的陀螺，动脑筋组合出自己的迎战陀螺，才有可能胜出。这里面大有讲究，视频里对这些战术都有讲解。听了他的介绍，我更理解了他的迷恋，甚至有点儿佩服他把自己喜欢的东西研究得这么透彻。

有了这样的了解，我再说起"视频时间太长了，不能再看了"时，就会带着理解和好奇说："今天又学到了什么技巧呀？你要不要教教妈妈，我们对战一下呀？"视频停止得自然而不别扭，孩子也不会因为觉得你什么都不懂、不知道这里面的乐趣而不想听你的话。

有了这样的理解作为基础，做同行者的第二步是帮助孩子发展自我掌控的能力。妈妈和苗苗又进行了第二次头脑风暴。

妈妈说："上次我们玩头脑风暴的效果真不错，你现在写作业又快又好，所以你有大把的时间可以自己安排。我们再玩一次头脑风暴吧，看看这些时间可以怎样更好地利用。"

苗苗听完心知肚明，却也毫不抵触。这里又是辩证行为养育法的一组辩证：既不戳穿、不责难，也不放任；既和颜悦色，又有规矩；既提供具体的帮助指导，也不包办、不强迫。

妈妈说："还记得头脑风暴怎么玩吧？我们想到什么办法就写下什么，不拒绝任何想法，即使它非常离谱，我们也把它写下来。你在闲暇时间，都有什么事情可以做？"

这次头脑风暴特别顺利，她们迅速写满了一张纸的可选事项。

- 和电脑下象棋（家庭内允许的电脑游戏）。
- 看《哈利·波特》。
- 看其他课外读物。
- 玩英语闯关游戏（学校允许和鼓励孩子们玩的）。
- 玩数学闯关游戏（学校允许和鼓励孩子们玩的）。
- 画画。
- 做科学小实验书上的实验。
- 做折纸书上的手工。

- 和妈妈做纸杯蛋糕或酸奶。

- 和家人玩纸牌类游戏。

- 和姥爷下棋。

- 和爸爸骑车。

- 玩滑板车。

- 溜旱冰。

- 去同学家串门。

- 玩磁力片。

- 玩开放性木制玩具。

这次头脑风暴写下来的东西，没有一样需要删掉，全部保留了下来。妈妈把这个长长的清单加在了作业清单后面，告诉苗苗，当她可以自由安排时间又不知道该干什么，只能想到打游戏看电视时，就看看这里，从这里面选一件事情来做。以后想到什么，也可以继续扩充进这个清单。这个要求就比"自觉抵制游戏和视频的诱惑"容易多了。

在这一节中，我们复习了前面学习过的三个技巧：

1. 辩证的概念，也就是同时做到两件看似相反的事情，用智慧心找到辩证统一；

2. 避免扮演审判者角色，提醒自己扮演同行者角色；

3. 利用头脑风暴解决一个具体的问题。

同时，这一节也要介绍一个新的概念：培养自我掌控感。

培养孩子的自我掌控感

自我掌控感就是感觉自己有能力、有自信，能控制某些事情。儿童天生就有自我掌控感的发展需要，但是，如果没有及时强化他们在这方面的努力，他们将发展出的就不是"掌控感"，而是"失控感"。比如面对游戏、视频，反复做出他们自己内心深处和环境都不认可的选择，就是在不断体验失控感。如果家长一味责难他们，或者听之任之，都会进一步加深他们的失控感。

正在建设的楼房还没有楼梯，施工人员怎么爬到高处呢？他们要借助一套叫作脚手架的临时建筑。

我们要做的就是帮孩子搭建一套适合他们的"脚手架"，让他们能按照自己的节奏，边"攀爬"边体验掌控感。用一个清单，列出他们自己认可的、感兴趣的、想做的、会去做的事情，让他们在需要的时候去浏览这个清单，从中做出自主的选择，这就是一个很好的"脚手架"。

自我掌控感需要在稍微有点困难，但又有可能做到的事情中反复体验和建立。所以，你可以问问孩子："在没有第二个人知道的情况下，你自己做到不看视频、不打游戏的可能性有多大？"

《DBT 情绪调节手册》一书中将自我掌控难度区域划分为三个层级：容易；困难但有可能；不可能（见图 6-1）。

图 6-1　自我掌控难度区域划分

只有难度在"困难但有可能"的区域时，孩子才能体验自我掌控感。如果孩子告诉你他在"不可能"区域，那么希望孩子的坦诚能帮助你理解他。这也是在提醒你，你的期望对他来说是高不可攀的，他需要一套设计精密的"脚手架"，把不可能变成可能。

当孩子在"困难但有可能"的区域做到了自我掌控时，不要吝啬夸奖，因为夸奖是最有效的强化手段。如果孩子没做到自我掌控，也不要责难和惩罚他们，因为这是挫败感的来源。挫败感在任何时候都只会消解掌控感。我们只需要回到同行者的角色中，和孩子一起去建立和完善那套"脚手架"就可以了。

这一节中同样蕴含着辩证行为养育法中的辩证智慧。对于我们希望孩子做到的事情，他们没做到时，我们也许会焦虑和生气，但这些情绪需要用理智去回应。既不能放弃要求，也不能靠发脾气来解决。与此同时，不发脾气并不代表着我们不在乎这些事。把责难和惩罚的能量转变成同行与鼓励，孩子就会感受到自由，并以自律回应我们。

润物细无声地做孩子的同行者，对他们喜爱的事物有了解、有理解，和孩子一起做头脑风暴，建立"脚手架"来助力他们的成长，是一种有秩序的、与孩子的成长需要和自己的情绪完美融合共生的方法。

练习问题解决和自我掌控技巧

1. 你和孩子的矛盾集中爆发在哪些问题上？在这些问题上，你能使用问题解决和自我掌控技巧吗？

2. 你和伴侣的矛盾集中爆发在哪些问题上？在这些问题上，你能帮助伴侣和自己使用问题解决和自我掌控技巧吗？

第 4 节

如何让孩子不惧挑战

——对想法正念

最近，我们家娜娜正在学习系鞋带。也不知道为什么，我看她系鞋带时感到特别受折磨。就有点儿像穿针引线时，那根线要穿没穿、怎么也穿不进去的那种"百抓挠心"的感觉。她拿起一根鞋带，却要用上所有的手指，像熊爪一样笨拙。简单地绕个圈而已，看她比翻出银河系还累。系第一个简单的结，把两根鞋带拿起放下了无数次，系完还是拧着的。第二个更复杂的结更是费劲：什么叫对折？哪个圈？手指怎么被缠住出不来了？哪个绳头要去哪里？……勉强系上了也是绳头太短、绳圈太大，她不会调整还去拉绳圈，结果拉脱了，白忙活。

这种时候，我就会忍不住接手过来，给她演示。虽然说我是在教她，但心里很不耐烦。语气上大概就是："你不能……，这里这么一弄，不就好了吗？有什么难的？怎么这么费劲呢？……你怎么这都学不会？"

我的这种不耐烦，也很出乎自己的意料。在理论上，我完全知道系鞋带是个学习加练习的过程；我系了30多年鞋带，她才系了3次鞋带，我的期待应该符合实际才对；儿童尤其需要在自理能力上进行自我探索……这些道理我都懂，但在那个当下我就什么都忘了，不仅希望她能自己成功地系好，而且希望她最好能熟练地、又快又好地系好。这是一点儿都不理智的情绪，但强烈到我几乎无法控制和抵挡。

教孩子时，为什么我们会情绪失控

有时候，一件事情会给我们带来强烈的情绪冲击，是因为我们不仅在对这件事情产生反应，而且在对曾经激发过类似情绪的一系列事情产生反应。这就能解释，为什么用理性心来看，一个很小、很正常、很普遍的事，情绪心却会让我们给出超出比例、让人难以理解的回应。

看孩子系鞋带，带给我的感受是窝囊、憋屈、丢人、挫败、无能、焦急、无力。你可能会说，看孩子系鞋带而已，至于吗？只是系鞋带肯定不至于，但这个场景激发的是我潜意识里学而不会、求而不得、努力没有结果、追求完美最后却失败……所有类似的情感记忆。注意，是情感记忆。我们可能已经忘了曾经具体发生过什么，但这些事情带给我们的感受却会被记录下来，而且会在类似感受被再次触发的时候，与新的情绪叠加。这样的情绪不断叠加，最后就会变得不可控。

这种叠加之后的情绪，让我丢掉了内心的平衡，让我产生了恐惧。恐惧让我以为我需要时刻保持完美，我的孩子也需要时刻保持完美，它让我对完美产生了执念。恐惧不仅让我觉得孩子不够好，而且让我觉得自己不够好。这些想法是那么令人难以忍受，所以我很急躁、很不耐烦，甚至不惜羞辱孩子，因为我本能地想逃避，想推开自己所有不愉快的感受。

有关辩证行为养育法中的正念，我们已经讨论过很多，包括第六章第1节中的正念技巧，第二章第1节中的观察、描述、不评判，以及第三章第4节中的对他人正念。这一节中，我们用到的正念技巧叫作"对自己的想法正念"。

如何对自己的想法正念

这个技巧的第一步就是区分想法和事实。

孩子正在学习系鞋带是事实。

它带给我的一系列想法是：

孩子什么都学不会；

她什么都做不成；

她只会失败。

更是：

我什么都学不会；

我什么都做不成；

我只会失败。

这些想法出现之后，我已经不是在应对孩子系鞋带这件事情了，而是在应对上述这些想法。这些想法不仅给我带来了不必要的痛苦，而且让我产生了有问题的行为：不耐烦地把孩子推着往前走。

对这些想法进行观察和描述，帮我把自己从这些想法中剥离出来，在我和想法之间产生了一定的距离。这种距离很重要，它能让我们不被想法那么紧密地控制，而且它能帮我们认识到，想法不是我们自己，我们也不被想法定义。

这样的观察让我们明白，"我只会失败"是在大脑中稍纵即逝的一个闪念，而不是"我真的会失败"这个事实。我也不用把它当成一个事实去做出反应，我只需要把它当作一个闪念让它过去，明白所有的想法都是暂时的、都会消失，它们也许经常回来找我们，但也仍是暂时的。这样，想法就不是灾难性的了，而对想法的观察会帮助我们从被想法控制的状态中解脱出来，让我们走上自由之路。

想法和情绪有一个共同的特点，就是越推开越强烈，越逃避越找上门来。比如，如果我对你说："你不要想你的左腿"，你反而想不了别的，只能想自己的左腿。但如果我说："你不能想别的，只能想你的左腿"，你的思绪在"左腿"上停留的时间反而很有限。正念练习就是让我们敞开自己，让想法像风通过隧道一样来去自由。不需要费力地移除想法（比如：我只会失败），也不需要移除想法带来的情绪（比如沮丧），因为它们来去有时，最后都会自己走掉。

对当下的想法有了这样的正念，让我重新找回了智慧心，回到了内心有平衡的自己。我也不再需要去破坏孩子的平衡，让她为不会系鞋带感到惭愧。毕竟，掌握这样的生活技能，也是"花开有时"的，顺其自然，才能水到渠成。

第 5 节

孩子做事时，气馁到抓狂，怎么办

——练习正念

这一节中讨论的案例，也来自我们线下育儿培训班的学员。这位学员是一位爸爸，他的孩子是 10 岁的男孩天天。据爸爸描述，天天有很多优点，性格温和、善解人意，而且遇事很谨慎、不调皮，和小他好几岁的弟弟在一起，显得很懂事，是让人放心的大哥哥。

但是，爸爸说："天天性格上的弱点就是做事不能全力以赴。无论，学什么我都感觉他'人来了，脑子没来'，眼睛看见了，心没看见。比如，弹琴的时候，在一个谱子里把某个弹熟了，他也认识了，换个谱子，同样的音，他又不认识了。又比如，做乘法忘了加进位，做除法忘了写余数。这样的性格很限制他的发展。有人盯着，他就能取得很不错的成绩；没人督促，他就会因欠缺自我管理，潜力发挥不出来，表现就一落千丈。"

　　有趣和好玩对孩子来说确实很重要，但它们与认真和努力并不矛盾。不付出努力的那种"随便玩玩"，只能给人带来很短暂的兴趣，长久的兴趣必然包含在投入思考和练习之后，因看到自己的进步而产生的成就感中。

　　爸爸说："前两年，天天尝试过象棋和篮球，但都因为学得太不上心，越来越落后于同龄人，他也渐渐没了兴趣，最后学不下去了。虽然这也没什么，但我们觉得这样的事情不能一直发生。怎样才能教会他用心做事，全力以赴呢？"

　　过了没几天，爸爸又分享了两件接连发生的事情。"先是前一天晚上，天天上了一节游泳私教课。上课的时候，他嘻嘻哈哈、吊儿郎当，一点儿也不专心。天天这么不认真，我看教练都不好意思认真教了。我和他妈妈在旁边看着真是着急啊，两次提醒他'上课专心一点儿'，结果他还是嘻嘻哈哈地说'我在专心呀！'。接着，第二天早上是一节钢琴课。我叫他起床的时候，他说'我不想上钢琴课'，我一听就不高兴了。不用说，这个星期他肯定没好好练琴。如果练得特别好，他会迫不及待地想弹给老师看。果不其然，我去接他的时候，老师说的和我想到的一样——'手是弹了，心没在这儿'。两件事情放在一起，我真是越想越生气，一整天没给他好脸色。不推不动，小推小动，大推翻车。他从 6 岁开始弹琴，我每天陪他练琴，陪了 3 年多。最近半年刚刚陪得少了点儿，他的水平就下滑得一塌糊涂。可我们怎么可能事事时时陪着他呢？什么时候他能自己知道要努力呢？"

我建议道："也许有什么阻碍着天天，让他不敢心无旁骛地全力以赴。你用正念的心态去观察一下，找到症结。"

于是爸爸重新坐回钢琴旁，又陪天天练了一次琴。而这次不同于以往，他是带着问题，边陪伴孩子边思考和寻找着答案。

爸爸说，通过这次陪伴，我感觉自己扮演的是一个"揪着天天的后脖领子，提着他"的角色。有人"提"着，他确实更能把心思放在这个事情上，用了更多的脑力去思考每个音符是什么、在琴键的什么位置、应该弹多长、下一个音比上一个音高还是低、差几个音、不看键盘能不能用手指靠感觉找到这个键。这次练习质量确实好很多。但是出现了一个很棘手的问题——投入努力之后，天天不能承受任何不顺利和失误。在一个地方反复弹错几次，他就特别抓狂，恨不得摔谱子、砸钢琴，还要对自己进行一番言语羞辱："我好傻呀，我好笨呀！"

据爸爸回忆，天天的这种反应其实以前经常出现，每次都又会触发爸爸的不良情绪。爸爸几乎每次都会吼回去，强势压制住这种他觉得"很没出息"的反应。然后天天就会哭，情绪更加崩溃，精神更加无法集中，事情更加做不好。双方每次都是这样互相刺激、互"踩雷区"，经历一顿混乱之后也没有抽离出这个事件，也没有仔细反思过什么。

但这次爸爸没吼，在"观察事情本质"的正念心态中，在比较平静的情绪下，爸爸有了一个重大发现：害怕失败和受挫可能是阻碍天天思考和努力的障碍。嬉笑不认真的状态可能是他潜意识里的一种保护机制：这样就可以逃避受挫感。爸爸把他的分析讲给天天听，并且告诉他：

"你刚才弹得很认真，所以进步特别快。但你也要允许自己出错。一弹错就情绪崩溃，你给大脑的信息就是'以后不要认真弹，这样出了错就不会不开心了'。你的大脑听了这样的信息，以后就不会帮你了。所以我们要学会忍耐和越过这种气馁的心情，能做到这一点，你就会变得更了不起。"

这样的对话改变了父子之间的关系模式，这次天天没有哭，情绪也马上缓解了。

5 分钟儿童正念练习

至于如何忍耐和越过崩溃气馁的心情，爸爸决定坚持每晚睡前带着天天做一个 5 分钟的儿童正念练习。我们自己在育儿和生活中要做到正念，孩子当然也可以使用正念这个工具。我们使用的是一款手机 App，里面针对不同年龄段设计了带领儿童练习正念的音频。建议大家使用专门为孩子研发的正念练习，因为它更适配孩子的特点，比如，练习时间不会太长，还会使用玻璃雪球玩具（见图 6-2）等，把这种孩子熟悉的东西作为想象的媒介，能让孩子更容易接受正念练习。

扫码看彩图

图 6-2　玻璃雪球玩具

经过几天的练习，天天就对"观察呼吸""感受腹部的起伏""把情绪想象成玻璃雪球里的雪花"这些概念有了一定的体会。思绪被搅扰起来的时候，只需要让雪球保持静止，静静地等待雪花自己落下来就可以了。像一呼一吸时肚子的起伏有自己的韵律一样，情绪的起落也有其节奏，这个节奏是我们需要观察、了解、接受的，不是通过吼叫就可以缄默掉的。情绪就像雪球里的雪花，越受到干预就越不平静；但顺其自然，却可以帮我们做到不被其控制，从而获得自由的状态。

带着孩子做儿童正念练习其实是培训班给学员留的一道作业题。天天的爸爸分享说，当时他立刻觉得这是个好主意，但心情还是很忐忑、很复杂。经过好几周的酝酿，他才真正开始和天天一起正念练习。天天的爸爸和其他学员家长普遍表示，自己一方面对这个方法充满好奇和期待，一方面也有顾虑：孩子是否能接受，会不会不喜欢？要是孩子做不下去，是不是又无计可施了？这音频质量好吗，自己是不是得先听一听？我能找到时间"预习"吗？我也好久没做正念练习了，我能静下心和孩子一起完成吗？

所以，如果你有类似的顾虑，这些都是普遍而正常的。和孩子一起练习正念呼吸是一个充满未知和不确定的体验。事实证明，天天的爸爸勇敢地迈出这一步是对的。天天不仅接受了，而且很期待每天晚上和爸爸躺在一起共同体验平静而回归自己的这5分钟。

有了每天的正念练习作为基础，天天下次再气馁到抓狂的时候，爸爸就可以提醒他："你的玻璃雪球在疯狂下雪吗？那就给它时间，让它尽情地下吧。你可以边呼吸边感受每一片雪花慢慢落下来的样子吗？你可以慢慢地等它们都落下来再继续，你不需要让雪花消失，你不需要被情绪控制。"

在本书即将结束之际，让我们再复习一下正念的定义：正念就是有意识地将注意力集中在当下，不带任何评判地全然接纳当下发生的一切。对情绪正念，就是观察、描述、不评判，以及充分允许情绪的存在。不评判、不阻挡、不抑制、不转移、不分散对情绪的关注和接纳，允许情绪以自己的节奏落下、远离。

在整本书中，我一直在讲，作为家长，我们自己应该如何练习和使用正念。因为对孩子来说，最有效的学习方式就是通过生活点滴中的渗透、有意无意的模仿，让正念耳濡目染地成为自己的一部分。所以，我们家长必须先熟悉和掌握正念。把正念融入日常生活，这是我们躲不开的功课。同时，我们也应该有意识地主动传授正念概念，带领孩子一起练习，让正念也能成为他们的工具。

虽然很多小节都讨论过正念，但每小节的重点不同，在这一节中，我们要强调的重点是：有效地做。

如何有效练习正念

正念中"有效地做"指的就是做有用的事情。要知道什么是有用的事情，就要先知道我们的目标是什么。在天天练琴这个场景里，爸爸的目标是让天天能够做到不被挫败感左右，全情投入练习。而他一贯的做法是吼天天，期待这样天天就可以做到不抓狂、不挫败了。这个做法很无效，完全没有用。但是，爸爸和天天一起练习正念呼吸，却能够帮助天天管理受挫感，让他不再抓狂，这让我们靠近了目标。事实证明，当天天感受到"原来挫败感并不可怕""原来我们可以学习与之和平相处"后，这个经历就像是帮他卸掉了腿上的沙袋，他的精力、努力都可以更无后顾之忧地交付给自己。这样的成长带来的不只是技巧或知识的积累，而是更本质的，能自如地与自己相处的能力。

"有效地做"需要我们对实际情况做出反应，而不是对我们期待的样子做出反应。实际情况是"天天做事不够投入"，我们的期待是"他应该更投入"。基于我们认为的"应该"，我们就会发脾气、拉长脸。而基于事实做出反应，我们才会找原因、想办法。

"有效地做"需要我们知道什么能帮我们达到目标，而什么不能。很多时候，在平静的状态下，我们完全知道什么有效、什么无效，也能衡量各种选择。只是，在情绪激动的时候就想不到这些了。正念就有着让我们回归平静和理智的作用，这样，我们才能始终灵活机敏地应对孩子的问题。我们作为最了解和熟悉孩子的人，心中的某个角落就藏着找到有效方法的智慧，我们要抱着与智慧心连接的决心，不言放弃地找到这个角落。

正念是观察，是描述，是接纳，是不评判；正念也是看清目标：什么是对我们最重要的？是发泄情绪，还是解决问题？正念就是有效地做，做有用的事，做让我们靠近目标的事。

练习有效地做

1. 在工作、生活、育儿中，你对哪些事做到了"有效地做"？是什么给了你动力，又是什么帮助你做到如此？

2. 在工作、生活、育儿中，哪些事有待你"有效地做"？你怎样敦促、帮助、奖励自己去"有效地做"？

后　记

育儿是一件重要的事情，但说到底，更重要的是通过育儿，我们能实现自我成长。只有这一点是能一直留给我们自己的。

生活在这个世界上的每个人，都有自己的不安。我们是否足够成功、是否值得被爱？带着这样的不安，走进亲子关系中，我们会用同样的问题对孩子进行质疑：他们是否足够成功、能否找到爱他们的人，能否被这个世界温柔以待？可以说，一切亲子关系的问题、一切育儿的挑战，都源于我们能不能与自己自如地相处。

个人成长作家张德芬女士曾说："亲爱的，外面没有别人，只有你自己。所有外在的事物都是你内在投射出来的结果。"而我认为，与我们越贴近的人和事物，越能清晰地体现这种投射。与我们朝夕相处、我们深深爱着的孩子，可以说就是最能让我们了解自己的人。

英国诗人柯勒律治曾说："伟大的心灵总是雌雄同体的。"他这么说并不是要消灭性别差异，而是鼓励男性和女性都要做到兼容。吴尔夫认为，头脑中能够同时容下两种相反的性别，能让写作和创作达到不一样的高度："两性因素融为一体之时，心灵会才气横溢，充分发挥其所有功能。"其实，需要我们去兼容的又何止两性角色呢？

乔科·威林克在《自律等于自由》一书中提到，兼备情绪和逻辑，能帮我们挖掘自己最大的潜力，发挥出自己的全部，甚至是超越自己的极限。因为情绪和逻辑都有自己的局限，一个帮不上你的时候，你就需要另一个。

大海处于万物的最低处，这样河川才能流向它，然后它汇聚成了地球上最庞大的存在。关注当下，看似不关心未来；观察自己，看似没掀起任何改变；但老子说"知人者智，自知者明。胜人者有力，自胜者强"。了解别人是聪明，了解自己才是智慧；战胜别人是有力量，战胜自己才是真正的强大。

什么是卑微？什么是伟大？

什么是柔弱？什么是刚强？

什么是情绪？什么是理性？

什么是温柔？什么是坚定？

什么是自律？什么是自由？

什么是母亲？什么是父亲？

什么是自己?

要探寻这些问题的答案,关键在于我们能否认真地去寻觅,深沉地去审视,并练习自如地与自己相处。

这是一场借育儿寻觅真理、审视自己、学习与自己自如相处的旅程。希望我们都能在合上这本书之后,甚至在孩子离我们远去之后,把这段旅程继续走下去。